名师名校名校长

凝聚名师共识
回应名师关怀
打造名师品牌
培育名师群体

顾明远题

新课标下的高中数学"明珠课堂"理论探究

XINKEBIAO XIA DE GAOZHONG SHUXUE

MINGZHU KETANG LILUN TANJIU

袁长林 / 主编

东北师范大学出版社

长　春

图书在版编目（CIP）数据

新课标下的高中数学"明珠课堂"理论探究 / 袁长林主编. — 长春：东北师范大学出版社，2022.6
ISBN 978-7-5681-9138-8

Ⅰ.①新… Ⅱ.①袁… Ⅲ.①中学数学课—课堂教学—教学研究—高中 Ⅳ.①G633.602

中国版本图书馆CIP数据核字（2022）第107279号

□责任编辑：石　斌　　　　　　□封面设计：言之凿
□责任校对：刘彦妮　张小娅　　□责任印制：许　冰

东北师范大学出版社出版发行
长春净月经济开发区金宝街 118 号（邮政编码：130117）
电话：0431-84568023
网址：http://www.nenup.com
北京言之凿文化发展有限公司设计部制版
北京政采印刷服务有限公司印装
北京市中关村科技园区通州园金桥科技产业基地环科中路 17 号（邮编：101102）
2022年6月第1版　2022年8月第1次印刷
幅面尺寸：170mm×240mm　印张：21　字数：327千

定价：58.00元

编 委 会

目录

CONTENTS

必修第一册

必修第二册

选择性必修第一册

选择性必修第二册

选择性必修第三册

必修第一册

第一章

集合与常用逻辑用语

【课时安排】

内容	课时	具体安排
1.1 集合的概念	1	集合的元素、含义及其表示
1.2 集合间的基本关系	1	集合间的包含、相等关系
1.3 集合的基本运算	2	集合的并、交运算第 1 课时，集合的补运算第 2 课时
1.4 充分条件与必要条件	2	充分条件与必要条件第 1 课时，充分条件与必要条件第 2 课时
1.5 全称量词与存在量词	2	全称量词与存在量词第 1 课时，全称量词与存在量词第 2 课时
1.6 小结	2	复习课第 1 课时、复习课第 2 课时
合计	10	

【本章知识结构框图】

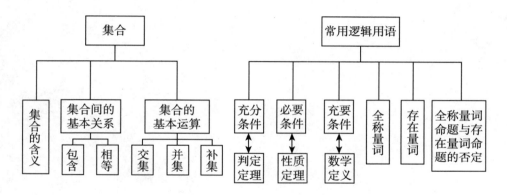

1.1 集合的概念

1.1.1 教学内容及内容解析

1. 内容

本节的知识结构如下：

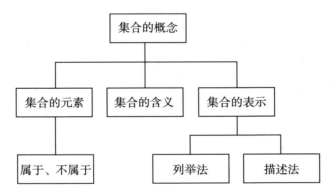

本节教学内容为集合的元素、含义及其表示，属于预备知识，它能帮助学生完成初中数学和高中数学学习的过渡，是高中的必备知识。本单元共 1 课时。

2. 内容解析

本节在小学和初中数学的基础上，引入集合的元素、含义及其表示。学生在了解集合含义的基础上，会用符号语言刻画集合，并能判断元素与集合之间的关系，最后学会用列举法和描述法准确表示集合。

1.1.2 教学目标及目标解析

1. 目标

（1）由特殊到一般、由具体到抽象，理解元素和集合的含义，利用正、反例进行辨析，引导学生理解集合的性质。

（2）熟练用元素、集合的符号表示元素与集合的关系。

（3）结合课本（《数学 必修 第一册 A版》）第3页中的例1学会列举法的表示方法，了解集合中元素的列举与元素顺序无关。

（4）结合课本第3页中的思考问题了解学习描述法的必要性，用奇数集的例子详细说明何为共同特征及其符号表示，突破本节课的学习难点。

（5）结合课本第5页中的思考问题学会反思、总结本节课的学习，了解不同表示方法的特点，可以根据需要选择恰当的表示方法。

2. 目标解析

（1）结合课本第2页中的思考问题，理解元素和集合的含义，会做课本P5中的练习第1，2题。

（2）解答与课本第3页中例1类似的问题。

（3）结合课本第3页中的思考问题和第4页中的例2学会用列举法和描述法表示集合，会做课本P5中练习第3题。

（4）结合集合概念的教学，让学生掌握由特殊到一般、由具体到抽象的处理问题的方法，提升数学抽象素养、数学运算素养。

3. 素养目标

		行为方面		核心素养		
		1	2	1	2	3
内容方面	1. 实例抽象	从小学和初中学过的数集、解集、点集出发，从数学的角度发现问题、提出问题	从特殊化的数集、解集提出一般化的集合	数学抽象		
	2. 概念形成（一）	对问题情境中的数学问题进行分析，并概括总结出元素、集合的概念	让学生对相关子概念进行准确描述	数学抽象	逻辑推理	

续 表

		行为方面		核心素养		
		1	2	1	2	3
内容方面	3. 概念剖析（一）	引导学生了解集合的性质	通过利用正、反例辨析，引导学生理解集合的性质	逻辑推理		
	4. 概念形成（二）	引导学生了解元素与集合的关系	通过实例让学生熟练用元素、集合的符号来表示元素与集合的关系	逻辑推理	数学运算	
	5. 概念剖析（二）	引导学生了解用列举法表示集合	通过实例让学生学会用列举法表示集合	逻辑推理	数学运算	
	6. 概念形成（三）	引导学生了解描述法的必要性，用奇数集的例子详细说明何为共同特征及其符号表示	通过实例让学生学会用描述法表示集合	逻辑推理	数学运算	
	7. 概念剖析（三）	引导学生学会反思、总结本节课的学习，了解不同表示方法的特点	让学生学会根据需要选择恰当的表示方法	逻辑推理	数学运算	
	8. 概念升华	引导学生学会使用集合的语言来描述现实中的问题	引导学生会用集合语言来表述数学对象及研究范围	逻辑推理	数学运算	

1.1.3 教学重难点

重点：集合的含义及其表示方法。

难点：学会用列举法和描述法来表示集合，可以根据需要选择恰当的表示方法。

1.1.4 教学问题诊断分析

本节教学以集合的概念为主线，重在对概念的内涵进行挖掘，在概念的基础上形成集合的含义及其性质。学生需要加深对集合符号语言的认识与理解。教师对于集合的相关概念教学要突出由特殊到一般、由具体到抽象的处理问题的思想与方法，在概念自然生成、内涵挖掘、总结应用、引申拓展等方面要进行师生互动、生生互动，通过学生主动获取知识、小组合作学习、教师答疑解惑来完成教学，最终形成完整的知识体系。

1.2 集合间的基本关系

1.2.1 教学内容及内容解析

1. 内容

本节的知识结构如下：

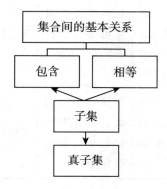

2. 内容解析

本节是在引入集合的概念后，启发学生类比实数之间的关系来联想集合之间的关系，通过观察、归纳概括出集合间的基本关系；要求学生了解集合间的包含关系与相等关系，识别集合（用 Venn 图）的子集，了解空集的含义，初步学会用三种语言（自然语言、图形语言、符号语言）表达数学研究对象，并能进行转换。

1.2.2　教学目标及目标解析

1. 目标

（1）结合课本第 7 页中的"观察"栏目，以三个具体例子为载体，通过类比实数间的关系来归纳概括集合间的相等关系、包含关系。

（2）了解集合间的包含关系包括"包含于"和"包含"两类。

（3）在具体情境中，了解空集的含义，理解子集、真子集及集合相等的概念。

（4）创设情境，引导学生学会用三种语言表达集合间的基本关系，并能根据需要进行转换。

（5）结合课本第 8 页中的思考问题，学会区分"属于"和"包含"这两种关系，并能准确用符号表示。

（6）通过本节课的学习，让学生经历利用类比推理来研究两个对象的某些相同或相似性质的思维过程，引导学生进行独立思考、交流讨论，提升学生的数学抽象素养。

2. 目标解析

（1）结合课本第 7 页中的"观察"栏目，通过类比实数间的关系得到集合间也有包含和相等的关系，可以举出具有包含关系、相等关系的集合实例。

（2）解答与课本第 8 页中例 1、例 2 类似的问题，解答课本第 9 页中的"习题 1.2"第 2 题。

（3）结合课本第 8 页中的思考问题及练习第 2 题，学会区分"属于"和"包含"这两种关系，并能准确地用相应的符号表示。

（4）通过集合间的基本关系教学，让学生经历利用类比推理来研究两个对象的某些相同或相似性质的思维过程，引导学生进行独立思考、交流讨论，提升学生的数学抽象素养、数学运算素养。

3. 素养目标

		行为方面		核心素养		
		1	2	1	2	3
内容方面	1. 类比推理	以三个具体例子为载体,通过类比实数间的关系归纳概括集合间的基本关系	从熟悉的对象出发,观察、分析、概括出集合间的基本关系	逻辑推理	数学抽象	
	2. 概念形成(一)	通过类比实数间的大小关系、相等关系来归纳概括集合间的相等关系、包含关系	让学生对相关子概念进行准确描述	数学抽象	逻辑推理	
	3. 概念剖析(一)	引导学生了解集合间的相等关系、包含关系	通过创设情境引导学生了解集合间的基本关系	逻辑推理	数学抽象	
	4. 概念形成(二)	通过创设情境引导学生学会用三种语言表达集合间的基本关系	通过实例让学生学会三种语言的表达,并能根据需要进行转换	数学抽象	逻辑推理	数学运算

		行为方面		核心素养		
		1	2	1	2	3
内容方面	5. 概念剖析（二）	引导学生了解集合的子集、真子集	通过实例让学生了解集合的子集、真子集，并能准确找出集合的子集、真子集	逻辑推理	数学运算	
	6. 概念形成（三）	通过课本第8页中的思考问题引导学生理解空集的概念，学会区分"属于"和"包含"这两种关系，并能准确地用相应符号的表示	通过实例让学生理解空集的概念，区分"属于"和"包含"这两种关系及能准确地用相应的符号表示	逻辑推理	数学运算	
	7. 概念升华	引导学生反思、总结本节课的学习，学会利用类比推理的方法研究集合间的基本关系	让学生学会观察、归纳、概括	逻辑推理	数学运算	

1.2.3 教学重难点

重点：集合间"包含"与"相等"的含义、用集合语言表达数学对象或教学内容。

难点：对相似概念及符号的理解，如区别"元素"与"集合"及"属于"与"包含"的概念、符号表示。

1.2.4 教学问题诊断分析

本节教学以集合的概念为主线，重在对概念的内涵进行挖掘，在概念的基础上形成集合间的基本关系。学生需要加深对用三种语言表达集合间的基本关系的认识与理解。教师对于集合间的基本关系的教学要突出类比推理、观察、归纳、概括等学习新知的方法，在概念自然生成、内涵挖掘、总结应用、引申拓展等方面进行师生互动、生生互动，通过学生主动获取知识、小组合作学习、教师答疑解惑来完成教学，最终形成完整的知识体系。

1.3 集合的基本运算

1.3.1 教学内容及内容解析

1. 内容

本节的知识结构如下：

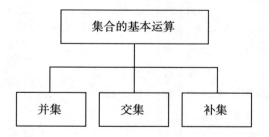

2. 内容解析

本节与 1.2 节类似，也是通过启发的形式让学生类比实数加法运算，联想集合的并运算，通过观察、归纳概括出集合的并集运算；学习时可以由特殊到一般，结合具体的实例引出交、补运算，特别是补集对学生来说比较难理解，可以多借助 Venn 图让学生更直观地理解；学生要理解并集的概念、交集的一些简单性质，理解全集的概念，会用三种语言表达数学研究对象，并能进行转换。

1.3.2 教学目标及目标解析

1. 目标

（1）结合课本第10页中的"观察"栏目，以两个具体例子为载体，通过类比实数的加法运算归纳概括集合的并运算，并用三种语言表达集合的并运算。

（2）结合课本第11页中的思考问题，联系集合的互异性来了解求并集时它们的公共元素只能出现一次。

（3）结合课本第11页中的第一个思考问题，借助 Venn 图了解集合并集的性质。

（4）在具体情境中理解集合的交运算，通过对课本第11页中的第二个思考问题的思考来掌握集合的交运算，并能用三种语言表达集合的并运算。

（5）创设情境引导学生学会区分集合的并、交运算。

（6）结合课本第12页中的例4，学会使用集合语言描述几何对象及其之间的关系，加深对集合关系与运算的理解。

（7）结合课本第12页中的思考问题，借助 Venn 图让学生了解集合并集的性质。

（8）类比方程根的个数会受研究范围的影响，多举实例让学生明确研究的范围会对问题的结果有很大的影响；要引导学生理解全集的概念。

（9）在理解全集概念的基础上，借助 Venn 图理解集合的补集。

（10）通过本节的学习，让学生经历利用类比推理来研究两个对象的某些相同或相似性质的思维过程，引导学生进行独立思考、交流讨论，利用图形的直观性来提升学生的数学抽象素养和直观想象素养。

2. 目标解析

（1）结合课本第10页中的"观察"栏目，通过类比实数的加法运算得到集合的并运算，并可以举出集合并运算的实例。

（2）解答与课本第10页中例1、例2类似的问题，能借助 Venn 图了解集合并运算的简单性质。

（3）结合课本第11页中的思考问题，掌握集合的交运算，解答与课本第11页中的例3、第12页中的例4类似的问题。

（4）解答课本第12页中的练习第1，2，3，4题，准确区分集合的并、交运算。

（5）用 Venn 图表达补集，能够解答与课本第13页中例5、例6类似的问题。

（6）通过本节的学习，学生经历了利用类比推理来研究两个对象的某些相同或相似性质的思维过程，教师要引导学生进行独立思考、交流讨论，多利用图形的直观性来提升学生的数学抽象素养和直观想象素养。

3. 素养目标

		行为方面		核心素养		
		1	2	1	2	3
内容方面	1. 类比推理	以两个具体例子为载体，通过类比实数加法运算来归纳概括集合的并运算	从熟悉的对象出发，让学生观察、分析、概括出集合间的基本关系	逻辑推理	数学抽象	
	2. 概念形成（一）	通过类比实数的加法运算来归纳概括集合的并运算	让学生对相关子概念进行准确描述	数学抽象	逻辑推理	
	3. 概念剖析（一）	引导学生理解集合的并运算	通过创设情境引导学生理解集合的并运算	逻辑推理	数学抽象	
		通过创设情境引导学生学会用三种语言表达集合的并运算	通过实例让学生学会三种语言的表达，并能根据需要进行转换	数学抽象	逻辑推理	数学运算

		行为方面		核心素养		
		1	2	1	2	3
内容方面	4. 概念形成（二）	结合课本第11页的第二个思考问题让学生掌握集合的交运算，并能用三种语言表达集合的运算	通过实例让学生掌握集合的交运算，并能用三种语言表达集合的交运算	逻辑推理	数学抽象	
	5. 概念剖析（二）	通过解答练习题，让学生准确区分集合的并、交运算	通过实例让学生进一步理解集合的交、并运算，并能准确进行区分	逻辑推理	数学运算	
	6. 概念形成（三）	类比方程根的个数受研究范围的影响，多举实例让学生明确研究对象的范围会对问题的结果有很大的影响。教师要引导学生理解全集的概念	通过类比，借助实例让学生理解全集的概念	逻辑推理	数学抽象	
	7. 概念形成（四）	在全集概念的基础上，借助Venn图引导学生理解集合的补集	多举实例，让学生直观理解补集	逻辑推理	直观想象	

续 表

内容方面		行为方面		核心素养		
		1	2	1	2	3
内容方面	8. 概念升华	通过本节的学习，学生经历利用类比推理来研究两个对象的某些相同或相似的性质的思维过程	引导学生进行独立思考、交流讨论，多利用图形的直观性来提升学生的数学抽象素养和直观想象素养	逻辑推理	数学运算	直观想象

1.3.3 教学重难点

重点：并集与交集的含义、用集合语言表达数学对象或数学内容。

难点：补集的含义。

1.3.4 教学问题诊断分析

本节教学以集合的概念为主线，重在对概念内涵的挖掘，在概念的基础上形成集合的基本运算。通过启发学生类比实数加法运算来联想集合的并运算，通过观察、归纳，概括出集合的并集运算。学习时由特殊到一般，结合具体的实例引出交、补运算，特别是补集对学生来说比较难理解，可以多借助 Venn 图让学生更直观地理解。学生要了解并集、交集的一些简单性质，理解全集的概念，会用三种语言表达数学研究对象，并能进行转换。学生需要加深对用这三种语言表达集合的基本运算的理解。教师对于集合基本运算的教学要突出类比推理、观察、归纳、概括等学习新知的方法，在概念自然生成、内涵挖掘、总结应用、引申拓展等方面进行师生互动、生生互动，通过学生主动获取知识、小组合作学习、教师答疑解惑来完成教学，最终形成完整的知识体系。

1.4 充分条件与必要条件

1.4.1 教学内容及内容解析

1. 内容

本节的知识结构如下：

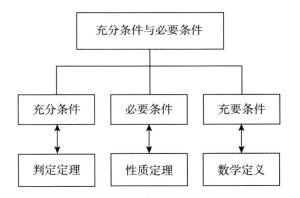

本节教学内容是充分条件、必要条件、充要条件以及它们和判定定理、性质定理、数学定义之间的关系。通过本节的学习，学生理解这三个常用逻辑用语的意义，会辨析充分不必要条件、必要不充分条件、充要条件和既不充分又不必要条件，理解判定定理与充分条件的关系、性质定理与必要条件的关系、数学定义与充要条件的关系。本节共 2 课时。

2. 内容解析

本节从学生初中学过的命题概念入手，主要以"若 p，则 q"形式的命题为载体，让学生通过思考命题中条件 p 和结论 q 的关系，学习充分条件、必要条件和充要条件这三个常用逻辑用语。在教学中应多补充一些容易判断真、假性的命题例子，多帮助学生理解和辨析充分条件、必要条件和充要条件这三个常用逻辑用语的意义。

1.4.2 教学目标及目标解析

1. 目标

（1）通过对课本第 17 页的思考问题，以四个常见简单的命题为载体，结合实例理解充分条件和必要条件的定义，特别要理解必要条件的定义。

（2）结合课本第 19 页的例 1 和"思考问题"，引导学生梳理和分析初中学过的典型数学命题，帮助学生了解充分条件与判定定理的关系。

（3）结合课本第 18 页的例 2 和"思考问题"，引导学生梳理和分析初中学过的典型数学命题，帮助学生了解必要条件与性质定理的关系。

（4）在具体情境中，学会判断 p 是否为 q 的充分条件，q 是否为 p 的必要条件，理解判断 p 是否为 q 的充分条件与判断 q 是否为 p 的必要条件在本质上是一回事。

（5）引导学生用充分条件和必要条件表述数学结论。

（6）以课本第 20 页思考问题中的四个简单命题为载体，引导学生理解充要条件的定义。

（7）结合课本第 21 页的例 3 和"探究"栏目，引导学生梳理和分析学过的典型数学命题，帮助学生理解充要条件与数学定义的关系。

（8）在具体情境中，学会判断 p 是否为 q 的充分条件、必要条件和充要条件，即转化为判断命题"若 p，则 q"及逆命题"若 q，则 p"的真假问题。

（9）通过本节的学习，了解充分条件、必要条件和充要条件在表达数学命题和论证数学结论中的作用，提升数学逻辑素养和数学运算素养。

2. 目标解析

（1）通过对课本第 17 页的思考问题，把四个命题改写为"若 p，则 q"的形式并判断其真假："若 p，则 q"为真命题，即由 p 可以推出 q，并由此准确判断 p 是 q 的充分条件，q 是 p 的必要条件。

（2）解答与课本第 18 页中例 1 类似的问题，理解充分条件与判定定理的关系，可以根据判断定理判断 p 是否为 q 的充分条件。

（3）解答课本第 20 页中的练习第 1，2，3 题。

（4）结合课本第 20 页中的思考问题，理解充分必要条件的定义，解答与

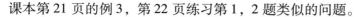

课本第 21 页的例 3，第 22 页练习第 1，2 题类似的问题。

（5）用充分条件和必要条件表述数学结论，并完成课本第 22 页的例 4。

（6）会用"若 p，则 q"及其逆命题"若 q，则 p"的真假性来判断 p 是否为 q 的充分条件、必要条件和充要条件。

（7）通过本节的学习，学生能了解充分条件、必要条件和充要条件在表达数学命题和论证数学结论中的作用，提升数学逻辑素养和数学运算素养。

3. 素养目标

内容方面		行为方面		核心素养		
		1	2	1	2	3
	1. 实例抽象	以四个常见简单的命题为载体，结合实例引导学生理解充分条件和必要条件的定义，特别要理解必要条件的定义	从具体的实例出发引导学生理解新知识	逻辑推理	数学抽象	
	2. 概念形成（一）	以具体的实例为基础，给出充分条件和必要条件的定义	让学生对相关子概念进行准确描述	数学抽象	逻辑推理	
	3. 概念剖析（一）	引导学生梳理和分析初中学过的典型数学命题，帮助学生理解充分条件与判定定理的关系	通过创设情境引导学生理解充分条件与判定定理的关系	逻辑推理	数学抽象	

		行为方面		核心素养		
		1	2	1	2	3
内容方面	3. 概念剖析（一）	引导学生梳理和分析初中学过的典型数学命题，帮助学生理解必要条件与性质定理的关系	通过创设情境引导学生理解必要条件与性质定理的关系	数学抽象	逻辑推理	数学运算
		在具体情境中，让学生学会判断 p 是否为 q 的充分条件，q 是否为 p 的必要条件	让学生理解判断 p 是否为 q 的充分条件与判断 q 是否为 p 的必要条件在本质上是一回事	逻辑推理	数学抽象	数学运算
	4. 概念形成（二）	以课本第 20 页思考问题中的四个简单命题为载体，引导学生理解充要条件的定义	从具体的实例出发，引导学生理解新知识	逻辑推理	数学抽象	数学运算
	5. 概念剖析（二）	结合课本第 21 页的例 3 和思考问题，引导学生梳理和分析学过的典型数学命题，帮助学生理解充要条件与数学定义的关系	通过实例让学生理解充分必要条件的意义	逻辑推理	数学抽象	数学运算

		行为方面		核心素养		
		1	2	1	2	3
内容方面	5. 概念剖析（二）	在具体情境中，让学生学会判断 p 是否为 q 的充分条件、必要条件和充要条件，即转化为判断命题"若 p，则 q"及逆命题"若 q，则 p"的真假	通过实例让学生进一步理解充分条件、必要条件和充要条件的意义	逻辑推理	数学抽象	数学运算
	6. 概念升华	通过本节的学习，学生能了解充分条件、必要条件和充要条件在表达数学命题和论证数学结论中的作用	引导学生进行独立思考、交流讨论，提升学生的数学逻辑素养和数学运算素养	逻辑推理	数学运算	

1.4.3 教学重难点

重点：充分条件、必要条件和充要条件的意义。

难点：对必要条件的意义、充要条件与数学定义之间的关系的理解。

1.4.4 教学问题诊断分析

本节从初中学过的命题概念入手，主要以"若 p，则 q"形式的命题为载体，让学生通过思考命题中条件 p 和结论 q 的关系，学习充分条件、必要条件和充要条件这三个常用逻辑用语。在教学中应多补充一些容易判断真、假性的命题例子，帮助学生理解和辨析充分条件、必要条件和充要条件这三个常用逻辑用语的意义。在概念自然生成、内涵挖掘、总结应用、引申拓展等方面进行师生互动、生生互动，通过学生主动获取知识、小组合作学习、教师答疑解惑来完成教学，最终形成完整的知识体系。

1.5 全称量词与存在量词

1.5.1 教学内容及内容解析

1. 内容

本节的知识结构如下：

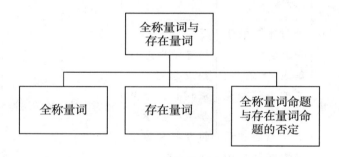

本节内容是全称量词、存在量词、全称量词命题与存在量词命题的否定。通过本节的学习，学生要在理解全称量词与存在量词意义的基础上，正确使用存在量词对全称量词命题进行否定，使用全称量词对存在量词命题进行否定，认识到全称量词命题的否定是存在量词命题和存在量词命题的否定是全称量词命题的规律。本节共 2 课时。

2. 内容解析

本节通过创设情境，引导学生对比实例，生发对类似"所有""存在一个"等短语的兴趣，由此引出全称量词与存在量词的概念、符号以及全称量词命题与存在量词命题的概念；通过丰富的实例来介绍这两类量词的意义，探究全称量词命题和存在量词命题的否定，说明全称量词命题的否定是存在量词命题和存在量词命题的否定是全称量词命题的规律。在教学过程中引入

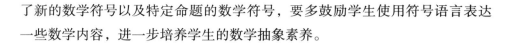

了新的数学符号以及特定命题的数学符号，要多鼓励学生使用符号语言表达一些数学内容，进一步培养学生的数学抽象素养。

1.5.2 教学目标及目标解析

1. 目标

（1）创设情境，结合课本第 25 页中的"思考问题"，回顾命题的概念，通过对比给出的实例引导学生理解全称量词的概念、符号以及全称量词命题的概念。

（2）通过课本第 27 页的"探究"栏目，引入全称量词命题的符号表述，并能判断真假，体会使用符号语言表达数学内容的准确性、简洁性。

（3）创设情境，结合课本第 28 页中的"探究"栏目，回顾命题的概念，通过对比给出的实例引导学生理解存在量词的概念、符号以及存在量词命题的概念。

（4）通过课本第 28 页的例 4，引入存在量词命题的符号表述并能判断真假，体会使用符号语言表达数学内容的准确性、简洁性。

（5）创设情境，告知学生通过对命题的否定可以得到一个新的命题，引出数学命题否定的概念，在此基础上引出全称命题的否定和存在命题的否定。

（6）以课本第 27 页中探究三个熟悉的命题为出发点，引导学生理解全称量词命题的否定是存在量词命题，并学会用符号语言表述。

（7）以课本第 29 页中探究三个熟悉的命题为出发点，引导学生理解存在量词命题的否定是全称量词命题并学会用符号语言表述。

（8）学习本节，让学生体会用新语言表述旧知识的简洁性和严谨性，提升学生的数学逻辑素养和数学抽象素养。

2. 目标解析

（1）通过对课本第 26 页中的思考问题，理解量词的定义，并能举例说明全称量词、全称量词命题。

（2）解答与课本第 25 页中的例 1、第 26 页中的练习第 1 题类似的问题，理解全称量词命题的符号表述是一种模式。

（3）通过课本第 27 页"探究"栏目，理解存在量词的定义，并能举例说明存在量词、存在量词命题。

（4）解答与课本第 26 页中的例 2、练习第 2 题类似的问题，理解存在量词命题的符号表述是一种模式。

（5）写出课本第 27 页三个熟悉的命题的否定，理解全称量词命题的否定是存在量词命题，并学会用符号语言表述，能够解答与课本第 27 页中的例 3、第 29 页中的练习第 1 题类似的问题。

（6）写出课本第 28 页三个熟悉的命题的否定，理解存在量词命题的否定是全称量词命题，并学会用符号语言表述，能够解答与课本第 28 页中的例 4、第 29 页中的练习第 2 题类似的问题。

（7）学习本节，体会用新语言表述旧知识的简洁性和严谨性，提升数学逻辑素养和数学抽象素养。

3. 素养目标

		行为方面		核心素养		
		1	2	1	2	3
内容方面	1. 创设情境	结合课本第 26 页中的"思考问题"，回顾命题的概念，通过对比给出的实例来引导学生理解全称量词的概念、符号以及全称量词命题的概念	从具体的实例出发引导学生理解新知识	逻辑推理	数学抽象	
	2. 概念形成（一）	以具体的实例为基础，给出全称量词的概念、符号以及全称量词命题的概念	让学生对相关子概念进行准确描述	数学抽象	逻辑推理	

续 表

		行为方面		核心素养		
		1	2	1	2	3
内容方面	3. 概念剖析（一）	通过课本第27页的例1，引入全称量词命题的符号表述，并能判断真假，让学生体会使用符号语言表达数学内容的准确性、简洁性	通过创设情境引导学生理解全称量词命题的符号表述，并能判断真假	逻辑推理	数学抽象	数学运算
	4. 概念形成（二）	创设情境，结合课本第27页中的思考问题，回顾命题的概念，通过对比给出的实例来引导学生理解存在量词的概念、符号以及存在量词命题的概念	让学生对相关子概念进行准确描述	数学抽象	逻辑推理	
	5. 概念剖析（二）	通过课本第28页的例2，引入存在量词命题的符号表述，并能判断真假，让学生体会使用符号语言表达数学内容的准确性、简洁性	通过创设情境引导学生理解存在量词命题的符号表述，并能判断真假	逻辑推理	数学抽象	数学运算

		行为方面		核心素养		
		1	2	1	2	3
内容方面	6. 概念形成（三）	创设情境，告知学生通过对命题的否定可以得到一个新的命题，引出数学命题否定的概念，在此基础上引出全称命题的否定和存在命题的否定	从具体的实例出发引导学生理解新知识	逻辑推理	数学抽象	
	7. 概念剖析（三）	以课本第29页探究三个熟悉的命题为出发点，引导学生理解全称量词命题的否定是存在量词命题，并学会用符号语言表述	通过实例让学生理解全称量词命题的否定	逻辑推理	数学抽象	数学运算
		以课本第30页探究三个熟悉的命题为出发点，引导学生理解存在量词命题的否定是全称量词命题并，学会用符号语言表述	通过实例让学生理解存在量词命题的否定	逻辑推理	数学抽象	数学运算

续 表

内容方面		行为方面		核心素养		
		1	2	1	2	3
	8. 概念升华	通过本节的学习,让学生体会用新语言表述旧知识的简洁性和严谨性	引导学生独立思考、交流讨论,提升学生的数学逻辑素养和数学抽象素养	逻辑推理	数学运算	

1.5.3 教学重难点

重点:全称量词和存在量词的意义;使用存在量词对全称量词命题进行否定,使用全称量词对存在量词命题进行否定。

难点:判断全称量词命题和存在量词命题的真假,正确地写出含有一个量词的全称量词命题和存在量词命题的否定。

1.5.4 教学问题诊断分析

本节通过创设情境,引导学生对比实例,激发学生对类似"所有""存在一个"等短语的兴趣,由此引出全称量词与存在量词的概念、符号以及全称量词命题与存在量词命题的概念;再通过丰富的实例来介绍这两类量词的意义,探究全称量词命题和存在量词命题的否定,说明全称量词命题的否定是存在量词命题和存在量词命题的否定是全称量词命题的规律。在教学过程中引入新的数学符号以及特定命题的数学符号表示,应该多鼓励学生使用符号语言表达一些数学内容,进一步培养学生的数学抽象素养。在概念自然生成、内涵挖掘、总结应用、引申拓展等方面进行师生互动、生生互动,通过学生主动获取知识、小组合作学习、教师答疑解惑来完成教学,最终形成完整的知识体系。

1.6 小 结

重要知识点：

（1）元素。研究的对象统称为元素，用小写拉丁字母 $a,b,c,\cdots$ 表示，元素的三大性质是互异性、确定性、无序性。

（2）集合。由一些元素组成的总体叫作集合，简称集，用大写拉丁字母 $A,B,C,\cdots$ 表示。

（3）集合相等。两个集合 A,B 的元素一样，记作 $A=B$ 。

（4）元素与集合的关系。①属于：$a\in A$ ；②不属于：$a\notin A$ 。

（5）常用的数集及其记法。自然数集 **N**、正整数集 $\mathbf{N}^*$ 或 $\mathbf{N}_+$、整数集 **N**、有理数集 **Q**、实数集 **R**。

（6）集合的表示方法。①列举法：把集合中的所有元素一一列举出来，并用花括号括起来表示集合的方法；②描述法：把集合中所有具有共同特征 $P(x)$ 的元素 x 所组成的集合表示为 $\{x\in A\mid P(x)\}$ 的方法；③图示法：用平面上封闭曲线的内部代表集合的方法。

（7）集合间的基本关系。子集：对于两个集合 A,B ，如果集合 A 中任意一个元素都是集合 B 中的元素，就称集合 A 为集合 B 的子集，记作 $A\subseteq B$ ，读作 A 包含于 B ；真子集：如果 $A\subseteq B$ ，但存在元素 $x\in B$ ，且 $x\notin A$ ，就称集合 A 是集合 B 的真子集，记作 $A\subsetneqq B$ ，读作 A 真包含于 B 。

（8）空集。不含任何元素的集合叫作空集，用 $\varnothing$ 表示。空集的性质：空集是任何集合的子集，是任何集合的真子集。

（9）集合的基本运算。

① 并集 $A\cup B=\{x\mid x\in A,\text{或}x\in B\}$ ；

② 交集 $A\cup B=\{x\mid x\in A,\text{且}x\in B\}$ ；

③ 补集 $C_U A=\{x\mid x\in U,\text{且}x\notin A\}$ （ U 为全集，全集含有所研究问题中涉及的所有元素）。

④ 运算性质：$A \cup B = B \Leftrightarrow A \subseteq B$；$A \cap B = A \Leftrightarrow A \subseteq B$；$A \cup \varnothing = A$；$A \cap \varnothing = \varnothing$；

⑤ $C_U(C_U A) = A$，$C_U \varnothing = U$，$C_U U = \varnothing$，$(C_U A) \cap (C_U B) = C_U(A \cup B)$，$(C_U A) \cup (C_U B) = C_U(A \cap B)$。

（10）充分条件与必要条件。一般地，"若 p，则 q"为真命题，p 可以推出 q，记作 $p \Rightarrow q$，称 p 是 q 的充分条件，q 是 p 的必要条件。p 是 q 的条件的四种类型：

① 若 $p \Rightarrow q$，$q \nRightarrow p$，则 p 是 q 的充分不必要条件；

② 若 $q \Rightarrow p$，$p \nRightarrow q$，则 p 是 q 的必要不充分条件；

③ 若 $p \Leftrightarrow q$，则 p 是 q 的充要条件；

④ 若 $p \nRightarrow q$，$q \nRightarrow p$，则 p 是 q 的既不充分也不必要条件。

（11）全称量词及全称量词命题。短语"所有的""任意一个"在逻辑中叫作全称量词，用符号 $\forall$ 表示，含有全称量词的命题称为全称量词命题。

（12）存在量词及存在量词命题：短语"存在一个""至少有一个"在逻辑中叫作存在量词，用符号 $\exists$ 表示，含有存在量词的命题称为存在量词命题。

（13）全称量词命题与存在量词命题的否定。全称量词命题的否定是存在量词命题，存在量词命题的否定是全称量词命题。

第二章

一元二次函数、方程和不等式

【课时安排】

内容	课时	具体安排
2.1 等式性质与不等式性质	2	不等式与比大小第 1 课时，不等式的性质第 2 课时
2.2 基本不等式	2	基本不等式第 1 课时，基本不等式的应用第 2 课时
2.3 一元二次函数与一元二次方程、不等式	2	一元二次不等式的解法第 1 课时，一元二次不等式的应用第 2 课时
2.4 小结	2	不等式复习第 1 课时，不等式复习第 2 课时
总计	8	

【本章知识结构框图】

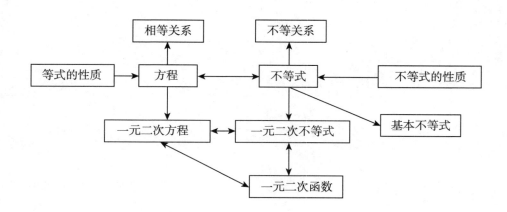

2.1 等式性质与不等式性质

2.1.1 教学内容及内容解析

1. 内容

本节的知识结构如下：

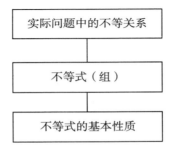

本节的主要教学内容是通过具体问题情境，使学生感受到在现实世界与日常生活中存在着大量的不等关系，让学生在了解一些不等式（组）产生的实际背景的前提下学习不等式的有关内容。本节共 2 课时：第 1 课时是不等式与比大小，第 2 课时是不等式的性质。

2. 内容解析

本节包含三个内容：一是使学生感受到不等关系是普遍存在的，二是用不等式（组）来表示不等关系，三是重点研究不等式的八条性质。

2.1.2 教学目标及目标解析

1. 目标

（1）知识与技能：使学生感受到在现实世界和日常生活中存在着大量的不等关系，让学生在了解了一些不等式（组）产生的实际背景的前提下学习不等式的有关内容。

（2）过程与方法：以问题代替例题，让学生学习如何利用不等式研究及表示不等式，利用不等式的有关基本性质研究不等关系。

（3）情态与价值：根据学生在学习过程中的感受、体验、认识状况及理解程度，教师要注重问题情境、实际背景的设置，通过学生对问题的探究思考、广泛参与来改变学生学习方式，提高学生学习质量。

2. 目标解析

（1）使学生能够分析实际问题中的数量关系，并通过设自变量建立函数模型或不等式模型来解决实际问题。

（2）使学生能够理解不等式的概念，掌握不等式的性质。

（3）使学生能够在本节的学习中重点提升逻辑推理与数学建模素养。

3. 素养目标

（1）数学抽象：不等式的基本性质。

（2）逻辑推理：不等式的证明。

（3）数学运算：比较多项式的大小及重要不等式的应用。

（4）数据分析：多项式的取值范围，将单项式的范围之一求出，然后相加或相乘（将减法转化为加法，将除法转化为乘法）。

（5）数学建模：运用类比的方法，由等式的基本性质联想不等式的基本性质。

2.1.3　教学重难点

重点：用不等式（组）表示实际问题中的不等关系，并用不等式（组）研究含有不等关系的问题，理解不等式（组）对于刻画不等关系的意义和价值。

难点：用不等式（组）正确表示不等关系。

2.1.4　教学问题诊断分析

课本中首先让学生梳理等式的性质，并归纳其中蕴含的数学思想方法，接着联想并证明不等式的基本性质。不等式的基本性质既反映了不等关系的特性，又反映了不等式在运算中的不变性。但与等式不同，不等式有方向性，所以不等式的基本性质与等式的基本性质又存在差异。课本利用这种内在联系引导学生自主发现不等式的基本性质，使学生认识到"运算中的不变性"在研究代数问题中"引路人"的作用，从而使学生在加深对"代数性质"的认识的过程中发展"四基",提高"四能"。

2.2 基本不等式

2.2.1 教学内容及内容解析

1. 内容

本节的知识结构如下:

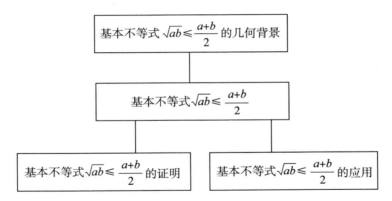

本节教学内容是让学生了解基本不等式的代数、几何背景及基本不等式的证明及应用。

2. 内容解析

本节一开始,以北京召开的第 24 届国际数学家大会的会标为背景,提出"你能在这个图中找出一些相等关系和不等关系吗?"的问题,意在利用图中面积间存在的数量关系得出不等式 $a^2 + b^2 \geqslant 2ab$。在此基础上,从三个不同角度引导学生认识基本不等式 $\sqrt{ab} \leqslant \dfrac{a+b}{2}(a,b > 0)$。课本还通过两个实际问题分析了不等式 $\sqrt{ab} \leqslant \dfrac{a+b}{2}(a,b > 0)$ 的实用价值,目的是让学生感受数学的应用价值。

2.2.2 教学目标及目标解析

1. 目标

（1）知识与技能：使学生能够理解两个实数的平方和不小于它们之积的 2 倍的不等式的证明，理解两个正数的算术平均数不小于它们的几何平均数的证明以及几何解释。

（2）过程与方法：本节是学生对不等式认知的一次飞跃，教师要善于引导学生从数和形这两个方面深入地探究不等式的证明，从而进一步突破难点。变式练习的设计可加深学生对定理的理解，并为其以后对实际问题的研究奠定基础。教师要注重两个定理证明的严密性，帮助学生分析每一步的理论依据，培养学生良好的数学品质。

（3）情感与价值：培养学生举一反三的逻辑推理能力，并通过不等式的几何解释来丰富学生数形结合的想象力。

2. 目标解析

（1）学生知道基本不等式的内容，明确基本不等式即"两个正数的算术平均数不小于它们的几何平均数"；会利用不等式的性质证明基本不等式，能说明基本不等式的几何意义。

（2）学生能结合具体实例，明确基本不等式的使用条件和注意事项，即"一正、二定、三相等"；能用基本不等式模型识别和理解实际问题，能用基本不等式求最大值或最小值；在解决具体问题的过程中，体会基本不等式的作用，提升数学运算、数学建模等核心素养。

3. 素养目标

（1）数学抽象：基本不等式的形式以及推导过程。

（2）逻辑推理：基本不等式的证明。

（3）数学运算：利用基本不等式求最值。

（4）数据分析：利用基本不等式解决实际问题。

（5）数学建模：利用函数的思想和基本不等式解决实际问题，提升学生的逻辑推理能力。

2.2.3 教学重难点

教学重点：两个不等式的证明和区别。

教学难点：理解"当且仅当 $a = b$ 时取等号"的数学内涵。

2.2.4 教学问题诊断分析

课本从已得到的重要不等式 $a^2 + b^2 \geq 2ab$ 出发，通过字母代换得到基本不等式进行代数证明，给出几何解释，并应用基本不等式解决了一些典型的最大（小）值问题。课本设计了两道例题，研究了如何应用基本不等式解决实际问题，教师要通过对这两道例题的教学来引导学生用基本不等式模型理解和识别实际问题中的数量关系，判断它们是否属于用基本不等式能够解决的两类最值问题，如果符合，就可以转化为基本不等式的数学模型解决。

2.3 一元二次函数与一元二次方程、不等式

2.3.1 教学内容及内容解析

1. 内容

本节的知识结构如下：

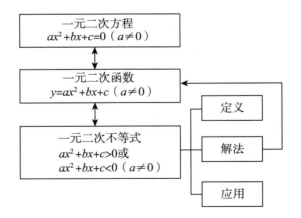

2. 内容解析

本节主要教学内容是一元二次不等式及其解法。课本围绕一元二次不等式有关的形成过程及一元二次不等式的解法，着重研究了一元二次不等式的

解法与一元二次函数、一元二次方程的密切关系。教师在教学中应重视下面两个方面：

（1）让学生经历从实际情境中抽象出一元二次不等式模型的过程。

（2）通过函数图像探究一元二次不等式与相应函数、方程之间的联系。

2.3.2　教学目标及目标解析

1. 目标

（1）知识与技能：了解一元二次方程、一元二次不等式与二次函数的关系，教会学生利用函数图像解一元二次函数与判断一元二次不等式的关系，使学生学会数形结合与分类讨论的方法。

（2）过程与方法：掌握用函数图像解一元二次不等式的数形结合法，同时让学生注意图像的分类讨论。

（3）情感与价值：通过一元二次函数图像与一元二次不等式的解法，掌握数形结合、分类讨论的思想方法。

2. 目标解析

（1）经历从实际情境中抽象出一元二次不等式模型的过程，体会一元二次不等式的现实意义，并能说出一元二次不等式的定义。

（2）类比一次函数与一次方程、一次不等式的研究经验，得到二次函数与一元二次方程、不等式的关系，体会运动变化、特殊与一般以及数形结合等数学思想方法，体会数学的整体性。

（3）通过对具体实例的归纳与概括得到用函数方法求一元二次不等式解集的基本过程；能利用一元二次不等式解决一些实际问题，提升数学运算素养。

3. 素养目标

（1）数学抽象：一元二次函数与一元二次方程、一元二次不等式之间的联系。

（2）逻辑推理：一元二次不等式恒成立问题。

（3）数学运算：解一元二次不等式。

（4）数据分析：用一元二次不等式解决实际问题。

（5）数学建模：运用数形结合的思想，逐步渗透一元二次函数与一元二

次方程、一元二次不等式之间的联系。

2.3.3 教学重难点

重点：一元二次方程、一元二次不等式与二次函数的关系。

难点：一元二次不等式的解法及应用。

2.3.4 教学问题诊断分析

本节用二次函数的观点看一元二次方程、一元二次不等式，需要借助二次函数图像，数形结合地理解二次函数与一元二次方程、一元二次不等式的联系，涉及从联系的角度看待所学的知识，因此是学生学习的一个难点。此外，对于解一元二次不等式，学生会借助解方程的经验有意识地进行降次，将解一元二次不等式问题转化为一元一次不等式（组）问题。因此，学生对于利用二次函数解一元二次不等式会产生疑问。

本节难点是建立二次函数与一元二次不等式的关系。

第三章

函数的概念与性质

【课时安排】

内容	课时	具体安排
3.1 函数的概念及其表示	4	函数的概念的建构第 1 课时,对函数概念的理解第 2 课时,函数的三种表示方法第 3 课时,分段函数第 4 课时
3.2 函数的基本性质	3	函数的单调性第 1 课时,函数最大(小)值第 2 课时,函数的奇偶性第 3 课时
3.3 幂函数	1	幂函数
3.4 函数的应用(一)	1	函数的应用
3.5 函数的形成与发展	1	函数的形成与发展
3.6 小结	2	复习课第 1 课时,复习课第 2 课时
合计	12	

【本章知识结构框图】

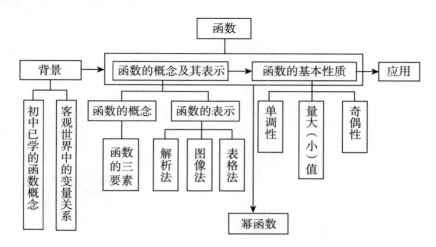

本章要完成从事实到概念（定义与表示），再到性质的学习，使学生构建函数这一概念，了解函数的基本内容和研究方法。

3.1　函数的概念及其表示

3.1.1　教学内容及内容解析

1. 内容

本节的知识结构如下：

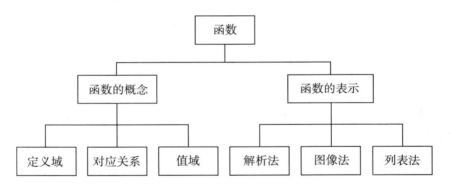

本节的主要教学内容是函数的概念及其表示，它们是学习函数的基础。本节共4课时：第1课时的主要内容是函数概念的建构，第2课时的主要内容是对函数概念的理解，第3课时的主要内容是函数的三种表示方法，第4课时的主要内容是分段函数。

2. 内容解析

初中阶段，学生学习的是具体函数，关注的是变量间的依赖关系而不是数学中的对应关系，也不关注变量的变化范围。高中阶段，不仅把函数看作变量间的依赖关系，还要从具体问题出发，抽象概括出函数的一般概念，学会用集合与对应的语言刻画函数。

3.1.2 教学目标及目标解析

1. 目标

（1）在用变量之间的依赖关系描述函数的基础上，用集合语言和对应关系刻画函数，建立完整的函数观念，体会集合语言和对应关系在刻画函数概念中的作用；了解构成函数的要素，能求简单函数的定义域。

（2）在实际情境中，根据不同的需要选择恰当的方法（如图像法、列表法、解析法）表示函数，理解函数图像的作用。

（3）通过具体实例，了解简单的分段函数，并能简单应用。

2. 目标解析

（1）结合课本第 60 页至第 62 页中的四个实例概括出函数概念的本质特征。

（2）解答与课本第 63 页中例 1 类似的问题，会用集合语言描述函数。

（3）解答与课本第 65 页至第 66 页中例 2、例 3 类似的问题，了解函数的要素。

（4）解答与课本第 67 页至第 68 页中例 4、例 5、例 6 类似的问题，掌握函数的三个表示方法。

（5）解答与课本第 69 页至第 70 页中例 7、例 8 类似的问题，理解分段函数的表示方法。

3. 素养目标

内容方面		行为方面		核心素养		
		1	2	1	2	3
	1. 实例抽象	从现实生活中的四个实例出发，提出问题	结合初中一次函数、二次函数做进一步拓展	数学抽象	数学建模	直观想象
	2. 概念形成	对问题情境中的问题进行分析，并概括总结出函数的概念		逻辑推理		

内容方面	行为方面		核心素养		
	1	2	1	2	3
3. 概念剖析	引导学生理解函数的概念	用集合语言描述函数	数学建模	逻辑推理	
4. 知识应用	完成相关例题		逻辑推理	数学建模	数学运算

3.1.3 教学重难点

重点：在"对应关系说"的观点下用集合语言表述函数的概念，在此过程中培养学生的数学抽象素养。

难点：从不同的问题情境中提炼出函数要素，并由此抽象出函数的概念，让学生理解函数的对应关系 $f(x)$。

3.1.4 教学问题诊断分析

（1）本节教学要做好初、高中知识的衔接，在教学中应该通过适当的问题激发学生的已有经验，一步步把学生"逼"到函数概念的更高层次上理解。

（2）要重视"事实"的教学价值，让学生有机会分析问题、解决问题。

（3）可以引入信息技术手段，让学生更深入地理解函数的概念和表示方法。

3.2 函数的基本性质

3.2.1 教学内容及内容解析

1. 内容

本节的知识结构如下：

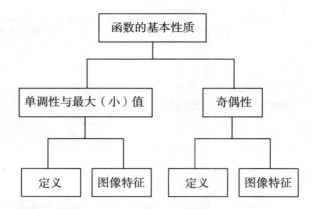

本节主要研究函数的单调性、最大（小）值、奇偶性，它们是学习函数概念后的延伸与应用。本节共 3 课时：第 1 课时的主要内容是函数的单调性，第 2 课时的主要内容是函数最大（小）值，第 3 课时的主要内容是函数的奇偶性。

2. 内容解析

运动变化的规律性是性质，变化中的不变性也是性质，函数是刻画客观世界中运动变化的重要数学模型，因此，运动变化中的规律性或不变性通常反映为函数的性质。高中阶段要研究的函数的性质有单调性、最大（小）值、奇偶性、周期性、函数的零点等。其中，单调性是最重要的性质。函数的单调性和奇偶性都可以在函数的图像上反映出来。因此，首先借助函数的图像让学生对其单调性和奇偶性有一个初步的了解，并在此基础上进行定量刻画；接着用数学符号语言形成单调性和奇偶性的定义。这是研究函数性质的一般过程和方法。

3.2.2 教学目标及目标解析

1. 目标

（1）在用符号语言刻画单调性时，知道"任意""都有"等关键词的含义；能够从函数图像或通过代数推理得到函数的单调递增、单调递减区间；知道函数的单调性反映现实世界中事物在量的增加或减小上的变化趋势。

（2）根据函数单调性的定义，按一定的步骤证明函数的单调性。

（3）根据函数最大值、最小值的定义，按一定的步骤求函数的最值。

（4）经历从图像直观到自然语言再到符号语言刻画的过程，感悟通过引入" $\forall x_1 、 x_2 \in D$ "，把一个含有"无限"的问题转化为"有限"方式的表示方法，感受数学符号语言的作用。

（5）了解函数的奇偶性的概念和几何意义，学会判断函数的奇偶性，学会运用奇偶性研究函数的图像。

（6）通过函数奇偶性概念的形成过程，培养观察、归纳、抽象的能力，渗透数形结合、分类讨论的思想。

2. 目标解析

（1）结合课本第 78 页、第 79 页中的三个例题，总结出利用定义证明函数单调性的一般步骤。

（2）解答与课本第 81 页中例 5 类似的问题，会用图像和单调性求简单函数的最值。

（3）解答与课本第 84 页中例 6 类似的问题，理解判断函数奇偶性的步骤。

3. 素养目标

		行为方面		核心素养		
		1	2	1	2	3
内容方面	1. 实例抽象	让学生从熟悉的函数入手，提出问题		数学抽象	数学建模	直观想象
	2. 概念形成	让学生对问题情境中的问题进行分析、思考、总结		逻辑推理		
	3. 概念剖析	引导学生理解概念			数学建模	逻辑推理
	4. 知识应用	让学生完成相关例题		逻辑推理		数学运算

3.2.3 教学重难点

重点：函数的单调性、奇偶性。

难点：增（减）函数的定义，利用定义判断函数的单调性。

3.2.4 教学问题诊断分析

（1）学生在初中阶段已经学习了一次函数、正比例函数、反比例函数和二次函数，对于每一类函数都研究了函数值随自变量的增大而变化的规律，能够理解函数图像从左到右上升或下降这一性质，可以用"y 随 x 的增大而增大（减小）"这样的自然语言来描述。高中阶段，要通过引入"$\forall x_1$、$x_2 \in D$，当 $x_1 < x_2$ 时，都有 $f(x_1) < f(x_2)$ 或（$f(x_1) > f(x_2)$）"，对函数的单调性实现定量刻画。这样的语言是学生第一次接触，对他们而言是一个很大的挑战。

教师在教学中可以借助一定的教学媒体（如信息技术）通过一次函数、二次函数等来展示函数值随自变量的变化而变化的情况，用表格形式加强自变量从小到大时函数值的大小变化趋势等，数形结合地提出问题，给学生设置一个从定性到定量、从粗糙到精确的归纳过程，引导学生逐步抽象出函数单调性的定义，再通过辨析、练习帮助学生理解该定义。

（2）函数的最大（小）值与函数的单调性有着密切的联系。概念的出现遵循从特殊到一般的原则，教师在教学中要用学生熟悉的素材给学生提供尝试的机会，也为引出最大值概念做准备；让学生学会用类比的方法独立获得最小值的概念，不要由教师取而代之，要给学生提供进行数学思维的机会。

（3）在处理函数的奇偶性时，教师首先给出几个特殊函数的图像，让学生获得函数奇偶性的直观定性认识；接着利用表格研究数量变化特征；最后通过代数运算，验证、发现数量变化特征的普遍性，在此基础上建立奇偶函数的概念。

3.3 幂函数

3.3.1 教学内容及内容解析

1. 内容

本节的知识结构如下:

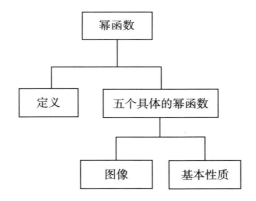

本节的主要教学内容是幂函数,通过五个幂函数的图像性质归纳出幂函数的一般性质。

2. 内容解析

课本将幂函数的内容安排在了函数的一般概念和性质之后,是高中阶段研究的第一类具体函数。课本从实际问题中得到五个常用的幂函数,通过归纳它们的共性给出幂函数的概念。学生只需认识这五个幂函数的图像和性质,不必拓展到对一般幂函数的讨论,可以把本节内容的学习看成一般函数概念与性质的学习。

3.3.2 教学目标及目标解析

1. 目标

(1)掌握五个幂函数的图像性质。

（2）在具体问题情境中，运用数形结合思想，利用幂函数性质、图像特点解决实际问题。

（3）了解研究具体函数的基本内容与方法。

2. 目标解析

（1）能从自变量、函数值及函数解析式的结构等角度归纳幂函数的共性，抽象出幂函数的一般形式；可以根据幂函数的定义判断给出的函数是否为幂函数；会画出五个具体幂函数的草图，并利用幂函数的性质解决一些简单的问题，如比较大小等。

（2）结合对幂函数的研究，了解从定义、表示—图像与性质—应用等方面研究具体函数的方法。

3. 素养目标

		行为方面		核心素养		
		1	2	1	2	3
内容方面	1. 实例抽象	让学生从现实生活中的五个实例出发，提出问题		数学抽象	数学建模	直观想象
	2. 概念形成	让学生对问题情境中的问题进行分析，并概括总结出幂函数的概念		逻辑推理		
	3. 探究函数	引导学生画出五个幂函数的图像	完成幂函数性质的表格	数学建模	逻辑推理	直观想象
	4. 知识应用	让学生完成相关例题		逻辑推理	数学建模	数学运算

3.3.3 教学重难点

重点：五个幂函数的图像与性质。

难点：画 $y = x^3$ 和 $y = x^{\frac{1}{2}}$ 的图像，通过五个幂函数的图像概括出它们的性质。

3.3.4 教学问题诊断分析

学生在初中已经学习过一些具体的幂函数，但缺乏对研究一类函数的内容和方法的认识，教师在教学时应结合学生初中学习过的函数知识以及前面学习过的一般函数的概念和性质，让学生尝试构建本节课的学习思路，从而体会研究一类函数的内容、思路和方法。在教学过程中，教师可以利用信息技术在同一平面直角坐标系中画出五个函数的图像，便于学生观察它们的共性和个性；在引导学生探究的过程中，应提醒学生从函数和解析式这两个角度认识函数的性质，从解析式中知道函数具有定义域、奇偶性等性质，这些性质也可以帮助画函数图像，使研究解析式和画函数图像相辅相成。

3.4 函数的应用（一）

3.4.1 教学内容及内容解析

1. 内容

本节主要让学生通过两个例题来感受函数应用的广泛，体验利用函数模型解决实际问题的过程。

2. 内容解析

函数的应用是中学数学的重要内容之一，也是数学与生活实践相互衔接的枢纽，特别是在应用意识日益加深的今天，函数模型实质揭示了客观世界中量的相互依存又互有制约的关系，因而函数的应用既有着不可替代的重要位置，又有着重要的现实意义。本节要求学生利用给定的函数模型或建立函数模型解决实际问题，并对给定的函数模型进行简单的分析评价。

3.4.2 教学目标及目标解析

1. 目标

（1）理解题目中文字叙述所反映的实际背景，领悟其中的数学道理，弄清题中出现的量及其数学含义。

（2）根据实际问题的具体背景来进行数学化设计，将实际问题转化为数学问题（建立数学模型），并运用函数的相关性质解决问题。

2. 目标解析

（1）自主完成课本第 93 页至第 94 页中的例 1、例 2，能根据实际问题的具体背景进行数学化设计，将实际问题转化为数学问题（建立数学模型），并运用函数的相关性质解决问题。

（2）通过对实际问题的研究解决，培养数学建模、数学运算、数据分析的核心素养。

3. 素养目标

内容方面		行为方面		核心素养		
		1	2	1	2	3
	例题讲解	现实问题数学化	解决数学问题	数学建模	数学运算	数据分析

3.4.3 教学重难点

将实际问题中的量抽象成数学中的变量，并找到变量之间的关系。

3.4.4 教学问题诊断分析

本节的两个例题都是给定数学模型的实际应用，课本将在后面的内容中设计更加复杂、需要根据实际背景建立数学模型的应用问题。教学中应引导学生体验应用函数知识解决实际问题的过程，让学生充分感受数学抽象的过程。

3.5　函数的形成与发展

1．内容

自 17 世纪近代数学产生以来，函数一直处于数学的核心位置。数学与科学的绝大部分内容有关，在数学、物理和其他学科中，函数关系随处可见。例如，圆柱体的体积和表面积是其底面半径的函数，气体膨胀的体积是温度的函数，物体运动的路程是时间的函数，等等。如果用心收集、广泛阅读、仔细观察，那么就会在很多书籍、网页中发现有关函数的介绍，也能在生活中发现许多函数应用的实例。

2．目标

（1）了解函数形成、发展的过程。

（2）体验文献综述的写作过程。

3．实施建议

（1）确定选题：根据个人兴趣初步确定选题范围，明确阅读方向，拟定写作题目。

（2）收集资料：针对写作题目，通过查阅书籍、网络搜索等方式收集资料素材，包括文字、图片、数据以及音像资料等，并记录相关资料。

（3）素材整理：认真分析素材，根据主题进行归纳概括，并用文献综述的方式形成读书报告。

（4）交流讨论：进行组内或全班交流、讨论和总结。

4．选题参考

（1）函数产生的社会背景。

（2）函数概念发展的过程。

（3）函数符号的故事。

（4）数学家与函数。众多数学家对函数的完善都做出了贡献，如开普勒、伽利略、笛卡儿、牛顿、莱布尼茨和欧拉等。可以选取一位或多位数学家，说明他们对函数发展做出的贡献，感受数学家的精神。

5. 文献综述的结构

（1）标题。

（2）提要或前言：简要介绍研究的意义；介绍收集资料的范围及资料来源，包括查阅了哪些主要著作、查询了哪些网络资料库（如中国学术期刊全文数据库、中国学位论文全文数据库等），搜索相关论文的篇目数量等。

（3）正文：文献综述的核心部分，应在归类整理的基础上，对自己收集到的有用资料进行系统介绍。

（4）参考文献：列出所有参考文献，并按论文中的参考文献格式将作者名、文献名、文献页码、文献出处和时间等信息标示出来。

6. 参考范文

函数概念的发展简史

（1）函数概念的萌芽时期（自然函数、代数函数时期）。

函数思想是随着数学开始研究事物的运动变化而出现的。事实上，早期的数学是不研究事物的运动变化的。古希腊科学家亚里士多德曾经认为，数学研究的是抽象的概念，而抽象的概念来自事物静止不动的属性。例如，数学中的数、线、形等数学对象都不包括运动，运动变化是物理学研究的对象，等等。受其影响，直至 14 世纪数学家们才逐渐开始研究物体的运动问题。到了 16 世纪，由于实践的需要，自然科学开始转向对运动的研究，自然中各种变化和各种变化着的物理量之间的关系也就成了数学家关注的对象。伽利略就是较早开展这方面研究的科学家之一，在他的著作里多处使用比例的语言表达了量与量之间的依赖关系。例如，从静止状态自由下落的物体所经过的距离与所用时间的平方成正比，这正是函数概念所表达的思想意义。

16 世纪，法国数学家笛卡儿在研究曲线问题时发现了量的变化及量与量之间的依赖关系，并在数学中引进了变量思想。在他《笛卡儿几何》中指出，所谓变量是指"不知的和未定的量"。这成为数学发展的里程碑，也为函数概念的产生奠定了思想基础。直到 17 世纪下半期，牛顿－莱布尼茨的微积分问世，数学中还没有明确的函数概念。把"函数"（function）一词最早用作数学术语的是莱布尼茨。当时，莱布尼茨用"函数"一词表示幂，后来又用函数表示任何一个随着曲线上的点变动而变动的量。例如，曲线上的点的横坐标、纵坐标、切线的长度、垂线的长度等。从这个定义可以看出，莱布尼茨利用几何概念在几何的范围内揭示了某些量之间的依存关系；可以说出现了函数概念的一点端倪，但函数的一般定义仍没有诞生。原因在于：数学家们一直在同具体的函数打交道，对具体函数或求导，或积分，讨论各种各样的具体问题，并没有感到有定义一般函数概念的需要。

（2）函数概念的初步形成（解析函数时期）。

18 世纪，微积分的发展促进了函数概念"解析定义"的发展。瑞士著名数学家约翰·伯努利在研究积分计算问题时提出：积分工作的目的是在给定变量的微分中找出变量本身之间的关系。而在对待"找出变量本身之间的关系"的表示上，显然用莱布尼茨定义的函数表示是很困难的。于是，1718 年伯努利从解析的角度把函数定义为："变量的函数就是由某个变量及任意一个常数结合而成的量。"意思是凡变量和常量构成的式子都叫作函数。伯努利所强调的函数要用公式来表示。后来，数学家觉得不应该把函数概念局限在用公式来表达上，只要一些变量变化，另一些变量能随之而变化就可以，至于这两个变量的关系是否要用公式来表示，则不作为判别函数的标准。

18 世纪，瑞士数学家欧拉在他的《无穷小分析引论》中进一步推广了他的老师伯努利的定义——一个变量的函数是由变量和一些数或常量以任何一种方式构造的解析式，并且早在 1734 年欧拉就已经用 $y = f(x)$ 表示函数，这个函数符号至今仍在沿用。1755 年，欧拉又在他的《微分学原理》的序言中把函数定义为："如果某些变量以某一种方式依赖于另一些变量，即当后面这些变量变化时，前面这些变量也随着变化，我们把前面的变量称为后面变量的函数。"在欧拉的这个定义中已经不强调函数要用公式表示了。由于函数不一定用公式来表示，欧拉曾把画在坐标系上的曲线也叫函数。他认为："函数是随意画出的一条曲线。"欧拉用"解析表达式"代替了伯努利的"任意形式"，明确地表达了变量之间相互依赖的变化关系，这促使我们对函数概念的认识在严密性上前进了一大步。但是，当时有些数学家对于不用公式来表示函数感到很不习惯，有的数学家甚至抱着怀疑的态度。他们把能用公式表示的函数叫"真函数"，把不能用公式表示的函数叫"假函数"。

（3）函数概念的确立（变量函数）。

在对前人函数概念的认识与发展的基础上，1821 年，法国数学家柯西给出了类似现在中学课本的函数定义："在某些变数间存在着一定的关系，当一经给定其中某一变数的值，其他变数的值也可以随着确定时，则将最初的变数叫作自变量，其他各变数叫作函数。"在柯西的函数定义中，首先引入了"自变量"一词。按照这个定义，只要由自变量的值可以确定相应的值就是函数。显然，这个函数定义比以往的要广泛得多。

1834 年，俄罗斯国数学家罗巴切夫斯基进一步提出函数的定义："x 的函数是这样的一个数，它对于每一个 x 都有确定的值，并且随着 x 一起变化。函数值可以由解析式给出，也可以由一个条件给出，这个条件提供了一种寻求全部对应值的方法。函数的这种依赖关系可以存在，但仍然是未知的。"这个定义指出了对应关系的必要性，利用这个关系可以求出每一个 x 的对应值。

后来，德国数学家狄利克雷也注意到，函数重要的不是"自变"所引起的因变，而是变量之间的"对应"关系。1837 年，狄利克雷给出了意义更为广泛的函数概念："如果对于每一个 x 值总有一个完全确定的 y 值与之对应，则是函数。"这个定义成功地引进了"单值对应"这个概念，巧妙地避免了过去函数定义中的不确定的"依赖关系"的描述，以清晰完美的方式表达了变量间的依赖关系，被 19 世纪的数学家普遍接受，成为传统函数定义的原型。

（4）函数概念的再次发展（集合、映射函数）。

19 世纪末 20 世纪初，把函数看作一种对应或者映射的思想已经成形。如果说前面两个世纪的数学家把注意力更多地放在函数的解析式上，那么 20 世纪的数学家则开始关注自变量的取值范围，这不仅仅是因为实际问题给数学提出了相应的课题，更主要的是德国数学家康托尔开创了一个全新的数学分支——集合论。由此，集合论的思想与方法很快就渗透到了数学的各个领域，著名数学家庞加莱曾经说过："由于有了集合论，现在我们可以说数学的完全严格性已经达到了。"所以，用集合的语言重新叙述函数的定义，成了进一步严格函数概念的最好途径。20 世纪，美国数学家使用集合与对应的语言这样定义函数："在变量的集合与另一个变量的集合之间，如果存在着对于 x 的每一个值，有确定的值 y 与之对应这样的关系，那么，变量 y 就叫作变量 x 的函数。"这个定义就是现在高中课本所采用的函数概念。

3.6 小 结

（1）理解函数的概念：能从集合与对应的角度认识函数，并通过建立在集合语言与对应关系基础上的函数概念去理解函数；对于具体函数，能正确分清函数的定义域、对应关系与值域这三个要素；对于给定的函数，能根据自变量的值正确计算出对应的函数值。

（2）理解区间的概念：知道区间是特殊的集合，集合不一定可以用区间表示；能用区间正确表示函数的定义域、值域。

（3）理解函数的表示：知道解析式、图像、表格是函数表示的三种常用方法，但函数的表示不局限于这三种方法，并能说明不是任意的函数都可以用这三种方法表示的原因；对于具体函数，能选择适当的方法将其表示出来；对于一些简单函数，能根据函数的解析式画出函数的图像。

（4）了解分段函数：知道分段函数是一种重要的函数模型，在实际问题中经常运用；能用分段函数正确表示一些相关的函数问题。

（5）理解函数的单调性：能在用自然语言、图形语言描述函数单调性的基础上，用符号语言刻画函数的单调性；能利用函数的单调性帮助画函数的图像，根据函数的图像写出函数的单调区间；对于简单函数能根据解析式求出函数的单调区间；能根据函数的单调性的定义证明简单函数的单调性。

（6）理解函数的最大（小）值：理解函数的最大（小）值的定义，能根据函数图像得出函数的最大（小）值，对已经学过的简单函数能根据函数最大（小）值的定义求出其最大（小）值。

（7）了解函数的奇偶性：知道奇函数与偶函数的定义和图像特征，能从函数图像直观判断函数是否具有奇偶性；能根据函数奇偶性的定义判断函数的奇偶性；能利用函数的奇偶性帮助画函数图像和计算函数值。

（8）了解幂函数的概念：经历从具体情境中抽象出幂函数概念的过程，知道幂函数的定义，能识别幂函数，但不对一般幂函数进行拓展。

（9）掌握五个特殊幂函数的图像与性质：能正确画出幂函数 $y = x, y = \dfrac{1}{x}, y = x^2, y = \sqrt{x}, y = x^3$ 的图像，描述它们的变化规律，讨论它们的基本性质，比较它们与正比例函数、反比例函数、一次函数及二次函数的关系。

（10）理解函数模型的应用：能结合具体的现实问题情境，合理选择已经学过的正比例函数、反比例函数、一次函数、二次函数、幂函数与分段函数等函数模型，解决简单的实际问题。

第四章

指数函数与对数函数

【课时安排】

内容	课时	具体安排
4.1 指数	2	n 次方根与分数指数幂第 1 课时，无理数指数幂及其运算性质第 2 课时
4.2 指数函数	2	指数函数的概念第 1 课时，指数函数的图像和性质第 2 课时
4.3 对数	2	对数的概念第 1 课时，对数的运算第 2 课时
4.4 对数函数	3	对数函数的概念第 1 课时，对数函数的图像和性质第 2 课时，不同函数增长的差异第 3 课时
4.5 函数的应用（二）	4	本节共 4 课时，第 1 课时是函数的零点与方程，从对数方程特征判定方程实数解的存在性；第 2 课时是用这个理论依据得到求方程近似解的二分法；第 3、4 课时是函数模型的实际应用，意在从现实背景体现函数的应用价值
合计	13	

【**本章知识结构框图**】

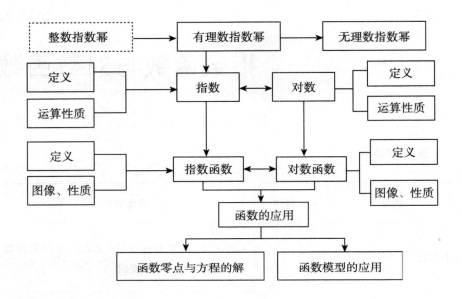

【**本章教学内容概况**】

（1）本章将指数概念由整数指数逐步拓展到了实数指数，并给出了实数指数幂的运算法则。

（2）通过对指数增长方式的实例分析，引入指数函数的概念，并研究指数函数的图像和性质，从对数与指数的相互联系出发，引入对数的概念，研究对数的运算法则。

（3）研究对数函数的概念、图像和性质，刻画了客观世界中"指数爆炸""对数增长"现象的重要数学模型。

（4）利用函数零点与方程解之间的关系，引入函数零点存在定理，探索用二分法求方程近似解的思路。

（5）通过比较，认识对数函数、线性函数、指数函数增长速度的差异，并通过具体实例，学习如何根据增长速度的差异，选择合适的函数模型构建数学模型、刻画现实问题变化规律的方法。

以上内容呈递进式发展，环环相扣，后面会进一步准确描述每一课时的教学目标与学习目标。

【本章教学思考】

（1）用有理数指数幂逼近无理数指数幂的思想认识无理数指数幂，这是一难点。

（2）对数的研究路径为"定义—表示—性质—运算—（法则）—应用"，要在实践中引导学生体会数学概念推广的基本思想。

（3）结构化思考，对指数函数、对数函数的研究都是按照"实际问题—函数概念—图像与性质—应用"的路径展开的。

（4）建立函数模型解决实际问题的基础是：要特别注意在对现实问题增长方式分析的基础上引入相应的函数概念，再通过对函数概念、性质的研究把握相应函数的本质。

（5）应用函数解决实际问题时，一方面要确定建立函数模型的基础是应注意分析实际问题属于哪种类型的增长方式；另一方面要了解用函数构建数学模型的基本过程，体会运用模型思想发现和提出问题、分析和解决问题的数学方法。

【问题教学法】

将以下问题置入任务单，引导学生通过问题来开展学习。

（1）指数和对数的概念都有现实背景，请举出一些实际例子。

（2）概述指数概念的拓展过程，由此说说数学概念拓展的过程和方法。

（3）对数概念是如何提出的？它对发现和提出问题的启示是什么？

（4）请概述指数函数、对数函数的研究过程，通过研究的内容、过程和方法来举例说说如何研究一类函数。

（5）请举例说明指数函数和对数函数是如何刻画现实世界不同类型问题的变化规律的。举出"直线上升""对数增长""指数爆炸"的例子。

（6）举例说明函数的零点与方程的解之间的关系。在什么条件下，函数在 (a, b) 内一定有零点？

（7）请说说用二分法求方程近似解的一般步骤。

（8）请结合实例说明应用函数模型解决问题的基本过程。

（9）函数图像是研究函数性质的重要载体，信息技术是研究函数图像与性质的有力工具，请结合实例说说你在这方面的学习体会。

4.1 指 数

4.1.1 教学内容及内容解析

1. 内容

本节的知识结构如下：

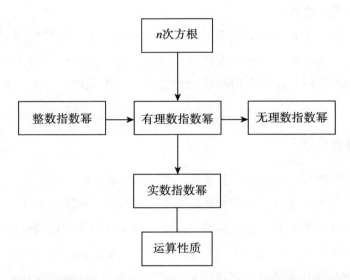

本节包括整数指数幂、有理数指数幂、无理数指数幂及其运算性质，它们是中学数学中的重要内容。本节共2课时，第1课时的主要内容是 n 次方根与分数指数幂，第2课时的主要内容是无理数指数幂及其运算性质。

2. 内容解析

本节是在初中已学过的整数指数幂的基础上，学习幂函数时遇到正方形场地的边长 c 关于面积 S 的函数 $c = \sqrt{S}$ 记作 $c = S^{\frac{1}{2}}$ 的以分数为指数的幂的问题。

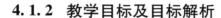

4.1.2 教学目标及目标解析

1. 目标

（1）由特殊到一般、由具体到抽象，理解 n 次方根的概念及其性质。

（2）会做 n 次方根的基本运算。

（3）结合课本第 105 页中的思考问题，探究 n 次方根与分数指数幂的关系，通过根式与分数指数幂的互化巩固来加深对根式与分数指数幂的理解。

（4）进一步了解由正分数指数幂到负分数指数幂的推广路径，构建分数指数幂的完整概念，形成有理数指数幂的概念。

（5）理解有理数指数幂的有关概念及其运算性质。

（6）探究无理数指数幂有没有意义，如果有意义，其意义是什么。

（7）利用逼近、极限思想，从数和形这两个角度了解特殊化下的无理指数幂是一个数，进而理解无理数指数幂。

（8）对实数指数幂有整体的认识，理解其运算性质。

（9）会做指数的基本运算。

2. 目标解析

（1）结合课本第 104 页中的特殊问题，理解课本第 104 页和第 105 页中的 n 次方根的概念及其性质。

（2）解答与课本第 105 页中例 1 类似的问题。

（3）结合课本第 105 页中的思考问题及其一些特殊转化形成对分数指数幂的理解。

（4）学生能够解答与课本第 106 页中例 2、例 3、例 4 类似的问题。

（5）思考课本第 108 页中的"过剩近似值"和"不足近似值"两个方向，发现逼近的确定点——确定的实数，进而理解无理数指数幂。

（6）结合指数的教学，体会数形结合的思想，了解由特殊到一般、由具体到抽象的处理问题的路径，提升数学抽象素养、数学运算素养、直观想象素养、数据分析素养、逻辑推理素养。

3. 素养目标

		行为方面		核心素养		
		1	2	1	2	3
内容方面	1. 实例抽象	从现实情境中的面积函数出发，让学生从数学的角度发现问题、提出问题	从特殊化的平方根、立方根出发，让学生提出一般化的 n 次方根	数学抽象	数学建模	直观想象
	2. 概念形成（一）	让学生对问题情境中的数学问题进行分析并概括总结出 n 次方根的概念	让学生对相关子概念进行准确描述	逻辑推理	数学建模	
	3. 概念剖析（一）	引导学生理解根式的性质	通过实例引导学生学会根式运算	数学运算	逻辑推理	
	4. 概念形成（二）	通过发现根式的被开方数不能被根指数整除来引导学生了解根式与分数指数幂的关系		逻辑推理	数学建模	
	5. 概念剖析（二）	引导学生理解有理数指数幂的性质	通过实例引导学生学会指数幂运算	数学运算	逻辑推理	
	6. 概念形成（三）	帮助学生通过有理数指数幂来认识无理数指数幂		逻辑推理	数学建模	

续　表

		行为方面		核心素养		
		1	2	1	2	3
内容方面	7. 概念剖析（三）	引导学生理解实数指数幂的性质		逻辑推理		
	8. 概念升华	引导学生学会使用根式与指数幂的语言来描述现实生活中的问题	引导学生会处理根式与指数幂的有关运算问题	逻辑推理	数学建模	数学运算

4.1.3　教学重难点

重点：实数指数幂的运算及其性质。

难点：用有理数指数幂逼近无理数指数幂。

4.1.4　教学问题诊断分析

本节教学以概念为主线，重在概念的内涵挖掘，在概念的基础上学习指数运算及其性质。学生需要加深对符号语言的认识与理解；教师对于指数的相关概念教学务必要突出由特殊到一般、数形结合、由具体到抽象的处理问题的思想与方法；在概念自然生成、内涵挖掘、总结应用、引申拓展等方面进行师生互动、生生互动，通过学生主动获取知识、小组合作学习、教师答疑解惑来完成教学，最终形成完整的知识体系。

教学支持条件方面，可以利用图形计算器等辅助工具。

4.2 指数函数

4.2.1 教学内容及内容解析

1. 内容

本节的知识结构如下：

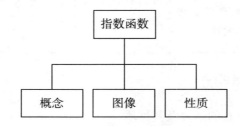

本节的内容蕴含了数形结合、分类讨论的思想方法，从实际问题中抽象出指数函数模型的数量关系，归纳概括得到指数函数的概念，用指数函数的图像探究指数函数的性质，并用所得到的性质进一步理解指数函数的图像，进而解决简单的问题。指数函数及其图像和性质是中学数学中的重要内容。本节共 2 课时：第 1 课时的主要内容是指数函数的概念，第 2 课时的主要内容是指数函数的图像和性质。

2. 内容解析

函数是高中数学内容的一条主线，本节是在函数的概念、性质以及幂函数的基础上进一步研究指数函数。指数函数作为基本函数，是函数内容的重要组成部分；是等比数列、概率统计、导数等高中数学内容的基础，其思想方法与其他数学内容有着紧密的联系；同时指数函数作为重要的函数模型有着广泛的应用，是分析和解决大量数学问题和实际问题的重要工具。指数函数作为一类具体的函数，有了研究幂函数的经验便可以按照"实际背景—概念—图像和性质—应用"的思路去研究指数函数。

课本从实际问题中抽象出数量关系，并运用数学式子表达这种数量关系，在分析数学式子特征的基础上归纳概括得到指数函数的定义。指数函数的概念体现了指数函数变量间对应关系的本质，图像和性质则是在概念的基础上进一步研究其变化规律，应该从概念出发认识图像和性质，并结合图像和性质进一步理解概念。指数函数是刻画呈指数增长或衰减变化规律的函数模型，教师在教学时要引导学生通过实例抽象概括出这个特点，以使学生明确指数函数所刻画的现实问题的类型。对于指数函数图像和性质的研究，应从函数 $y = a^x (a > 0, 且 a \neq 1)$ 的解析式出发，通过 a 取不同值时函数的图像直观地体现指数函数的变化规律；运用信息技术，如 Geo-Gebra 软件、几何画板等展示，在大量具体图像的基础上归纳其共同特征，并选择有代表性的图像反映这样的特征，说明函数的定义域、值域、特殊点、单调性，归纳出底数 $a > 1$ 和 $0 < a < 1$ 两类指数函数的性质，同时让学生直观地了解底数大小发生的改变。函数的图像能体现函数的性质，而函数的性质也能确定函数的图像特征，教学应突出这种数形结合的思想方法，并通过解析式、图像、性质多元联系地让学生认识指数函数的本质和函数模型的特征。

4.2.2 教学目标及目标解析

1. 目标

（1）从具体实例中抽象出指数函数的特征，并用数学符号表示，初步理解指数函数的概念，发展数学抽象素养。

（2）用描点法或借助信息技术画出具体指数函数的图像，探索并理解指数函数的定义域、值域、特殊点与单调性，归纳出底数 $a > 1$ 和 $0 < a < 1$ 两类指数函数的性质。

（3）结合指数函数的概念、图像与性质的研究，探究底数 $a > 1$ 和 $0 < a < 1$ 两类指数函数的区别，以及 a 取不同值时函数的图像直观地体现指数函数增长变化的规律，进一步了解研究具体函数的一般思路和方法，提升数学抽象素养、逻辑推理素养、数学运算素养、直观想象素养。

2. 目标解析

（1）结合课本中游客增长的问题 1 和碳 14 衰减的问题 2，通过运算发现其中具体的增长或衰减的规律，并从中了解实际问题中变量间的关系，在了解指数函数的实际意义的基础上，知道指数函数的含义和表示，清楚其定义域和底数 a 的取值范围。

（2）根据函数解析式计算出指数函数的两个变量的一些对应值并列表，然后描点或利用信息技术画出指数函数和对数函数的图像，或能根据函数解析式直接利用信息技术画出指数函数；结合函数图像，归纳这些图像的共同特征，探索并总结指数函数的定义域、值域、特殊点与单调性。在理解指数函数性质的基础上能应用其解决简单的问题。

（3）结合指数函数的教学，按照"函数背景—函数概念—函数图像与性质—函数的简单应用"的顺序对函数进行研究。在由具体实例抽象为具体函数、由具体函数归纳为指数函数的过程中，提升数学抽象的素养；在研究函数的性质和图像时，借助计算工具，选取指数函数的若干点，完成指数函数中 x, y 的对应表，提升数学运算素养；通过分析数据，探索出指数函数的单调性和特殊点，提升逻辑推理素养；在由函数图像直观认识函数性质的过程中，体会数形结合的思想方法，提升直观想象素养。

3. 素养目标

内容方面		行为方面		核心素养		
		1	2	1	2	3
	1. 实例抽象	从现实情境中的旅游人数的变化出发，让学生从数学的角度发现问题、提出问题	通过对比两地增长的差异，让学生对实际问题蕴含的规律做进一步研究	数学抽象	数学建模	
	2. 概念形成（一）	让学生对问题情境中的数学问题进行分析，并概括总结出指数函数的概念	让学生抽象概括出指数函数的概念	逻辑推理	数学建模	

		行为方面		核心素养		
		1	2	1	2	3
内容方面	3. 概念剖析（一）	引导学生理解指数函数的概念	通过实例引导学生学会求指数函数的定义域及进行简单的实际应用	数学运算	逻辑推理	
	4. 概念形成（二）	通过具体实例引导学生画出指数函数的图像	引导学生发现指数函数图像的特征和变化规律	直观想象		
	5. 概念剖析（二）	引导学生借助函数图像来研究指数函数的性质	通过实例引导学生理解指数函数的相关性质	数学运算	逻辑推理	直观想象
	6. 概念升华	引导学生利用指数函数的概念和性质解决实际问题	引导学生学会处理有关指数函数的实际问题	逻辑推理	数学建模	数学运算

4.2.3 教学重难点

重点：指数函数的概念、图像和性质。

难点：①不同底数的指数函数图像的变化和性质特征；②由图像、解析式归纳指数函数的性质及其应用。

4.2.4 教学问题诊断分析

（1）课本希望通过研究两地旅游人数的变化，引导学生感受中国经济的快速发展和社会的进步，从而更好地发挥数学学科的育人功能，体现数学思想方法，培养学生的数学能力。

（2）结合典型的实例，从实际情境中抽象出相应的函数，利用函数建立数学模型，对学生的抽象概括能力、运算能力要求较高，对高一的学生来说是一个难点，教师要给予学生思考的时间以及发现和探索的机会，并给予学生恰当的指导。

（3）学生具有一定的分析问题和解决问题的能力，知道将问题做类比和转化，这些无疑都为本节知识的生长提供了有利条件。但是对于指数函数与其他函数复合后的函数性质的研究，对于学生来说是一个比较困难的突破点。

（4）在指数函数的学习过程中，尽管学生已经有幂函数的学习经验，但幂函数的性质是不完整、不系统的归纳，典型性有所欠缺，难以完全指导其他基本初等函数的研究。教师在教学过程中可以借助信息技术，通过画出底数取大量不同值时的图像发现函数的单调性，从而归纳出当 $a > 1$ 时函数单调递增，当 $0 < a < 1$ 时函数单调递减。

4.3 对 数

4.3.1 教学内容及内容解析

1. 内容

本节的知识结构如下：

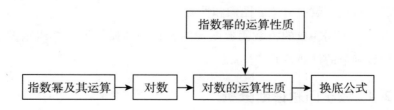

对数及其运算是推动数学发展的重要源泉及动力之一，是数学的基石，是指数运算的逆运算，是对数函数学习的基础，在实际生活中有广泛的应用。对数具有积的对数等于对数的和，商的对数等于对数的差，以及一个数的 n

次方的对数等于这个数对数的 n 倍的运算性质。通过本节的学习，可以让学生理解对数的概念和运算性质，从而进一步深化学生对对数模型的认识与理解，为学习对数函数做好准备。同时，对对数概念的学习，对培养学生对立统一、相互联系、相互转化的思想，逻辑思维能力都具有重要的意义。本节共 2 课时：第 1 课时的主要内容是对数的概念，第 2 课时的主要内容是对数的运算。

2. 内容解析

对数函数对于学生来说是一个全新的函数模型，学习起来比较困难。对数式是数学学习中的重要知识点，为学习对数函数这一重要的初等函数夯实基础。学习对数的概念要在掌握指数概念的基础上进行，注意指数和对数之间的相互联系和区别，引导学生对概念进行甄别。同时，引导学生通过对数概念来推导对数的运算性质，学会灵活运用已学知识。培养学生从实际问题中抽象出数学符号的能力，使学生形成类比转化意识，提高严谨的逻辑推理能力以及运算能力。

课本从实际问题抽象出数量关系，运用数学式子表达这种数量关系，在分析数学式子特征的基础上归纳概括对数的定义。课本按照"对数的概念—对数与指数之间的关系—对数的性质—对数的运算性质—对数的换底公式—对数运算性质的应用"的思路进行编排，通过对数与指数之间的关系来理解对数的概念，建立知识之间的前后联系，学习对数的性质，为接下来学习换底公式做铺垫。通过指数的运算推导对数的运算性质，最后根据对数的定义推导换底公式。对数的运算性质和换底公式都是由对数的概念推导得来的，并且与指数的运算性质有密切联系，知识环环相扣。

4.3.2 教学目标及目标解析

1. 目标

（1）理解对数的概念，能进行指数式与对数式的互化，了解常用对数与自然对数的意义，理解对数恒等式并能运用于有关对数的计算。

（2）理解对数运算的性质和换底公式的推导，并能运用对数运算性质进行运算。

（3）通过转化思想方法的运用，培养转化的思想观念及逻辑思维能力。

2. 目标解析

（1）结合课本中人口增长的问题，通过运算发现其中具体的增长或衰减的规律，并从中了解实际问题中变量间的关系，熟悉指数与对数运算之间互逆的关系，能根据对数的概念进行指数与对数之间的互化，并学会对数式的计算（知二求一）。

（2）利用指数式的运算推导对数运算性质、法则和换底公式，能用符号语言和文字语言描述对数运算法则，并能利用运算性质完成对数运算。

（3）通过指数幂运算理解对数的概念，了解对数与指数之间的关系；让学生体会指数与对数之间相互转化的过程，培养等价转化的数学思想。

3. 素养目标

		行为方面		核心素养		
		1	2	1	2	3
内容方面	1. 实例抽象	从现实情境中的旅游人数的变化出发，让学生从数学的角度发现问题、提出问题	通过研究 B 地景区旅游人数增长的规律，让学生认识引入与指数幂运算有关的另一种运算的必要性	数学抽象	逻辑推理	
	2. 概念形成（一）	让学生对问题情境中的数学问题进行分析，并概括总结出对数的概念	让学生抽象概括出对数的定义	逻辑推理	数学抽象	
	3. 概念剖析（一）	引导学生理解对数的概念	让学生进行指数表达与对数表达的互换，明确表达式的意义	数学运算	逻辑推理	

续 表

内容方面		行为方面		核心素养		
		1	2	1	2	3
	4. 概念形成（二）	通过具体实例研究引导学生理解并证明对数的运算性质	引导学生认识对数运算性质的意义和规律	数学运算	逻辑推理	
	5. 概念剖析（二）	引导学生认识对数换底公式的形式和引入的意义	学生能够运用对数的运算性质解决实际问题	数学运算	逻辑推理	
	6. 概念升华	学生能够利用指数函数的概念和性质解决实际问题	通过实际问题的解决提升学生的运算能力	逻辑推理	数学运算	数学建模

4.3.3 教学重难点

重点：对数的概念，对数的运算性质。

难点：对数运算性质的推导，对数换底公式的推导。

4.3.4 教学问题诊断分析

（1）学生难以理解对数与指数符号之间的关系，在应用对数概念进行运算时会出现符号混乱的现象。这就要求教师在教学时首先让学生清楚指数式中哪个是指数，哪个是底数，再让学生思考对数式中的真数是指数式中的哪部分，避免当题目换成其他字母时学生就不清楚该如何进行指对互化了。

（2）对于对数的性质及零和负数没有对数的理解，教师要引导学生思考，引导学生与指数式进行联系，并加以证明。

（3）熟悉对数运算法则，首先类比指数运算法则对照记忆，其次强化法则使用的条件，提醒学生注意对数式中每个字母的取值范围，最后让学生认清对数运算法则可使高一级的运算转化为低一级的运算，从而简化计算方法，加快运算速度，显示对数计算的优越性。

4.4 对数函数

4.4.1 教学内容及内容解析

1. 内容

本节的知识结构如下：

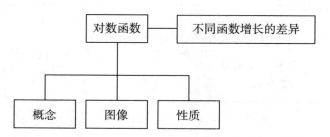

本节的内容蕴含了数形结合的思想方法，具体体现为用对数函数的图像探究对数函数的性质，并用所得到的性质进一步理解对数函数的图像。它们是中学数学中的重要内容。本节共 3 课时：第 1 课时的主要内容是对数函数的概念，第 2 课时的主要内容是对数函数的图像和性质，第 3 课时的主要内容是不同函数增长的差异。

2. 内容解析

本节在介绍了指数函数及其性质、对数概念、对数运算性质及换底公式的基础上，通过具体实例引入对数函数的概念，并研究了对数函数的图像、性质及其应用。由于对数与指数的对应关系，对数函数与指数函数有着很多对应的性质，教师在教学中应引导学生充分重视，让学生经历对数函数概念的产生过程，学习从具体实例中提炼数学概念的方法。

教师要让学生通过具体实例来了解对数函数模型的实际背景，学习对数的概念，进而学习一类新的基本初等函数——对数函数。对数函数同指数函数一样，是以对数概念和运算法则作为基础展开的，并且对数函数的研究过程同指数函数的研究过程是一样的。教学的目的就是让学生对建立和研究一个具体的函数的方法有较完整的认识。一方面对数函数的学习可以让学生进一步深化对函数概念、性质以及研究方法的理解，另一方面为后续研究三角函数等初等函数打下基础。

学生能根据函数解析式或利用计算工具计算出对数函数的两个变量的一些对应值并列表，然后描点或利用信息技术画出对数函数的图像，或能根据函数解析式直接利用信息技术画出对数函数的图像；结合函数图像归纳这些图像的共同特征，探索、总结对数函数的单调性与特殊点，并结合函数解析式验证所总结的函数单调性和特殊点；在理解对数图像与性质的基础上，应用反函数的概念、图像、性质解决实际问题；根据指数与对数的运算关系，从概念上理解底数相同的指数函数与对数函数互为反函数；利用作图的方法，探究互为反函数的两个函数之间的关联，理解反函数的对称性。

4.4.2 教学目标及目标解析

1. 目标

（1）从具体实例中抽象出对数函数的特征，并能用数学符号表示，初步理解对数函数的概念，发展数学抽象素养。

（2）运用描点法及对称性绘制 $y = \log_2 x, y = \log_{\frac{1}{2}} x$ 的函数图像，在几何画板的支持下，探究底数 a 对对数函数图像的影响，并从中归纳出对数函数的性质（定义域、值域、单调性、特殊点等）。

（3）在经历对数函数的研究过程中，对建立和研究一个具体的函数的方法有较完整的认识，同时发展思维，促进自主学习能力的提升。

（4）通过对同底的指数函数和对数函数的性质进行比较，理解反函数的概念以及同底的指、对函数互为反函数。

（5）了解指数函数、对数函数、一次函数的增长差异。

2. 目标解析

（1）通过演绎推理的方法发现和提出需要研究的问题；能从同底的指数与对数间关系的角度分析两个函数之间图像与性质等的关系，并用符号语言、图形语言表示这些关系；了解研究数学新对象的基本方法。

（2）对于具体的与对数函数复合的函数，能写出其定义域、值域、单调区间等性质，能有目的、主动地进行研究。

（3）在研究反函数的过程中，利用同底的指数函数和对数函数的性质主动总结出互为反函数的两个函数的性质特征。

（4）通过用列表法和图像法对函数的增长差异进行观察和探究，提升观察问题、分析问题和归纳问题的思维能力以及数学交流能力；利用信息技术理解对数增长、直线上升、指数爆炸的含义。

（5）在认识函数增长差异的过程中，认识事物的特殊性与一般性之间的关系，培养数学应用的意识，提升直观想象素养、数学运算素养、逻辑推理素养。

3. 素养目标

		行为方面		核心素养		
		1	2	1	2	3
内容方面	1. 实例抽象	从现实情境中的面积函数出发，让学生从数学的角度发现问题、提出问题	通过分析指数与对数的关系，让学生对实际问题蕴含的规律做进一步研究	数学抽象	数学建模	直观想象
	2. 概念形成（一）	让学生对问题情境中的数学问题进行分析，并概括总结出对数函数的概念	让学生概括出对数函数的定义	逻辑推理	数学建模	
	3. 概念剖析（一）	引导学生理解对数函数的概念	通过实例引导学生学会求对数函数的定义域并进行简单的实际应用	数学运算	逻辑推理	

续　表

		行为方面		核心素养		
		1	2	1	2	3
内容方面	4. 概念形成（二）	通过实例研究引导学生画出对数函数的图像	引导学生发现指数函数图像和对数函数图像的区别与联系	逻辑推理	数学建模	
	5. 概念剖析（二）	引导学生借助函数图像研究对数函数的性质	通过实例引导学生理解对数函数的相关性质	数学运算	逻辑推理	
	6. 概念形成（三）	引导学生发现指数函数和对数函数互为反函数	引导学生理解反函数的概念	逻辑推理	数学建模	
	7. 概念剖析（三）	引导学生了解不同函数增长的差异	在认识函数增长差异的过程中，使学生了解事物的特殊性与一般性之间的关系，培养学生的数学应用的意识	逻辑推理	直观想象	数学运算
	8. 概念升华	学生能够利用对数函数的概念和性质解决实际问题	引导学生学会处理有关对数函数的实际问题	逻辑推理	数学建模	数学运算

4.4.3 教学重难点

重点：对数函数的概念、图像和性质。

难点：对数函数性质的归纳，对"指数爆炸""直线上升""对数增长"的理解。

4.4.4 教学问题诊断分析

（1）学生已经学习了函数的概念、表示方法和性质，知道函数的研究内容是函数的概念、性质以及应用。

（2）学生经历了指数函数的概念、性质以及简单应用的研究过程，初步建立了研究一个具体的函数的一般方法。

（3）学生学习了对数的定义、对数式和指数式的互化、对数运算性质以及对数的初步应用，具备了进行对数运算的能力。

（4）学生具有一定的分析问题和解决问题的能力，知道将问题类比和转化，这些无疑都为本节知识的生长提供了有利条件。但是对数函数与其他函数复合后的函数性质的研究，对于学生来说是一个比较困难的突破点。

（5）从函数性质的角度看，增长差异是对函数单调性的进一步深化，不同函数增长差异刻画了它们的增长方式以及变化速度的差异，这为后续学习函数模型的应用奠定了基础；学生能根据增长差异选择合适的函数类型构建数学模型，刻画问题的变化规律，也为后续导数的学习做了铺垫，同时培养和发展了学生数学直观、数学抽象、逻辑推理和数学建模等核心素养。

4.5 函数的应用（二）

4.5.1 教学内容及内容解析

1. 内容

本节的知识结构如下：

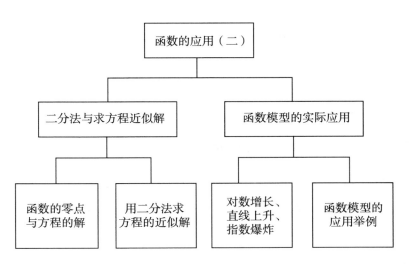

为了突出函数应用的广泛性，加强函数与其他数学知识的联系，本节在函数应用（一）的基础上进一步从两方面展开函数应用方面的学习，安排了函数在学科内外的应用。本节共 3 课时，其中第 1 课时分为三小节：第一小节是为了建立求方程近似解的理论依据，研究从函数特征判定方程实数解的存在性；第二小节是用这个理论依据得到求方程近似解的二分法；第三小节是函数模型的实际应用，意在从现实背景中体现函数的应用价值。

2. 内容解析

函数的零点把函数与方程联系起来，是建立函数与方程思想的基础。函数的零点与方程的实数解的关系为函数在解方程方面的应用提供了理论依据；函数零点存在定理为判断方程是否有解提供了具体的方法，为下一步"用二分法求方程的近似解"做好了准备。在这些知识的学习过程中，学生会接触到数形结合、化归转化、函数与方程等数学思想，从而体会到数学的整体性。

二分法是求方程近似解的常用方法，这种方法由"区间"端点对应的数逼近"点"对应的具体的数：通过不断缩小"区间"，由"区间"左端点对应的单调递增数列，以及右端点对应的单调递减数列，不断逼近这一系列"区间"组成的区间中的具体点对应的数。二分法的本质仍然是通过数的运算研究问题。

函数模型是描述客观世界中变量关系和规律的重要数学语言和工具。本节是在学生学习了函数的概念和性质，幂函数、指数函数、对数函数后的综合应用，结合对投资回报和选择奖励模型两个问题的分析，通过比较指数函数、对数函数、线性函数等函数模型的增长速度的差异，进一步让学生理解直线上升、指数爆炸、对数增长的含义，并依此选择合适的函数类型构建数学模型、刻画现实问题的变化规律。

4.5.2　教学目标及目标解析

1. 目标

（1）理解函数的零点的概念，了解函数的零点与方程的解之间的关系，体会数学的整体性。

（2）结合二次函数的图像，经历由特殊到一般的思维过程，了解函数零点存在定理，发展数学直观想象素养和数学抽象素养。

（3）利用函数判断方程是否有解，了解函数在解决数学问题方面的应用，发展数学建模素养。

（4）通过求具体方程的近似解了解二分法，体会函数在解方程方面的应用，渗透极限思想。

（5）通过总结二分法的实施步骤，经历由具体到一般的认知过程，发展数学抽象素养，提高分析问题和解决问题的能力。

（6）根据具体函数图像，借助信息技术用二分法求方程的近似解，发展数据处理素养。

（7）根据条件通过待定系数法求出给定函数模型的参数，培养函数与方程思想。

（8）利用已知函数模型解释实际问题，并对现实世界进行预测和推断，发展数学抽象素养和数学建模素养，提高分析问题和解决问题的能力。

（9）明确函数是刻画客观世界中变量关系和规律的数学语言和工具，了解数学的应用价值。

2. 目标解析

（1）说出如何利用函数判断方程有解或无解及解的情况。

（2）叙述函数零点存在定理并通过图形分析其合理性，能利用函数零点存在定理正确解决相关问题。

（3）判断部分函数零点所在的大致区间，以及部分方程的实数解的个数。

（4）通过求具体方程的近似解了解二分法，体会函数在解方程方面的作用，渗透极限思想。

（5）通过总结二分法的实施步骤，经历由具体到一般的认知过程，发展数学抽象素养，提高分析问题和解决问题的能力。

（6）根据具体函数的图像，借助信息技术用二分法求方程的近似解，发展数据处理素养。

（7）根据条件通过待定系数法求出给定函数模型的参数，培养函数与方程思想。

（8）利用已知函数模型解释实际问题，并对现实世界进行预测和推断，发展数学抽象素养和数学建模素养，提高分析问题和解决问题的能力。

（9）明确函数是刻画客观世界中变量关系和规律的数学语言和工具，了解数学的应用价值。

3. 素养目标

		行为方面		核心素养		
		1	2	1	2	3
内容方面	1. 实例抽象	类比二次函数零点，引出函数零点的概念		数学抽象	数学建模	直观想象
	2. 概念形成（一）	引导学生把握函数零点的本质		逻辑推理	数学建模	
	3. 概念剖析（一）	建立求方程近似解的理论依据	研究根据函数特征判定方程实数解的存在性	数学运算	逻辑推理	

		行为方面		核心素养		
		1	2	1	2	3
内容方面	4. 概念形成（二）	按照用二分法求方程近似解的步骤，一步步展开，渗透逼近思想和算法	让学生经历观察发现、抽象概括的过程	逻辑推理	数学建模	
	5. 概念剖析（二）	引导学生得到求方程近似解的二分法	强化学生的数学运算与逻辑推理的核心素养	数学运算	逻辑推理	
	6. 概念升华	通过实例，引导学生从数学视角发现问题、提出问题，最终解决问题，让学生体会数学的来源与应用，丰富学生对数学的认知	通过研究函数的实际应用，意在从现实背景中体现函数的应用价值，提升学生数学建模的核心素养	逻辑推理	数学建模	数学运算

4.5.3 教学重难点

重点：函数零点与方程解的关系，函数零点存在定理的应用，用二分法求方程近似解的思路与步骤，用函数建立数学模型解决实际问题的基本过程。

难点：函数零点存在定理的导出，用二分法求方程近似解的算法，选择恰当的函数模型分析和解决实际问题。

4.5.4 教学问题诊断分析

（1）学生已经学习了二次函数的零点和一元二次方程的解的关系，由此上升到一般函数的难度不大。函数零点存在定理通过几何直观表示会比较容易理解，但由于定理成立的条件比较多，使用时容易混淆和遗漏，这会对学生正确运用定理解决问题造成一定的困难。

（2）学生已经学习了零点存在定理，容易想到通过逐渐缩小函数零点所在区间的办法来求方程的近似解，对二分法的理解不存在困难。

（3）在利用二分法求方程近似解的过程中，数值计算较为复杂，这对获得给定精确度的近似值增加了困难。

（4）学生在本节之前已经结合实例学习了几类函数的概念、图像和性质，并应用它们解决了学科内的一些问题和一些简单的实际问题。但是面对较复杂的实际问题时，如何将其转化为数学问题，特别是如何选择函数模型来刻画实际问题，大多数学生都缺乏这方面的经验，缺乏数学抽象的能力，也缺乏对不同函数模型增长差异的深刻认识。教学可以从两个方面帮助学生克服困难：一是根据实际问题的条件建立等量关系，从而将实际问题抽象为数学问题；二是从数和形的角度出发，定性和定量地分析实际问题的变化规律，从而选择合适的函数模型。

（5）在利用函数模型解决问题的过程中，大多数学生还没有养成利用信息技术根据函数模型进行运算求解的良好习惯。在教学中，教师可以鼓励学生使用信息技术进行复杂的运算求解，作图画表，多元联系地表示数学对象并分析问题，从而逐步形成利用信息技术研究实际问题的意识。

第五章

三角函数

【课时安排】

内容	课时	具体安排
5.1 任意角和弧度制	2	任意角第 1 课时，弧度制第 2 课时
5.2 三角函数的概念	3	三角函数的概念第 1 课时，三角函数的基本性质第 2 课时，三角函数的简单应用第 3 课时
5.3 诱导公式	2	诱导公式（2-4）第 1 课时，诱导公式（5-6）练习第 2 课时
5.4 三角函数的图像与性质	4	三角函数的图像第 1 课时，三角函数的性质第 2 课时，图像与性质的应用第 3、4 课时
5.5 三角恒等变换	6	两角差的余弦第 1 课时，两角和与差的正弦、余弦、正切公式第 2 课时，二倍角第 3 课时，练习巩固第 4 课时，简单的恒等变换第 5 课时，三角恒等变换在数学中的应用举例第 6 课时
5.6 函数 $y = A\sin(\omega x + \varphi)$	2	匀速圆周运动的数学模型及函数 $y = A\sin(\omega x + \varphi)$ 的图像第 1 课时，探索参数对图像的影响第 2 课时
5.7 三角函数的应用	2	三角函数的应用 1 第 1 课时，三角函数的应用 2 第 2 课时
5.8 小结	3	单元专题梳理
合计	24	

【本章知识结构框图】

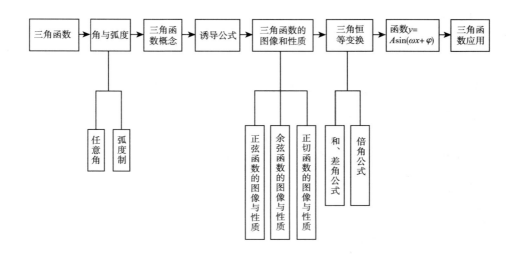

5.1 任意角和弧度制

5.1.1 教学内容及内容解析

1. 内容

本节的知识结构如下：

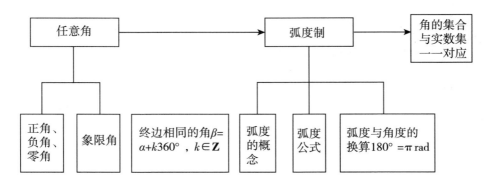

本节包括任意角、象限角与终边相同的角、弧度制，它们是三角函数中重要的概念。本节共 2 课时：第 1 课时的主要内容是任意角、象限角与终边相同的角；第 2 课时的主要内容是弧度制及弧长与面积公式。

2. 内容解析

本节主要介绍、推广角的概念，引入正角、负角、零角的定义，象限角的概念，以及终边相同的角的表示方法，让学生树立运动变化的观点，并由此进一步理解推广后的角的概念。教学方法可以选用讨论法，通过实际问题，如时针与分针、体操等都能形成角的概念，给学生以直观的印象，使学生形成正角、负角、零角的概念；明确规定角的概念，通过具体问题让学生从不同角度理解终边相同的角，从特殊到一般归纳出终边相同的角的表示方法。

5.1.2 教学目标及目标解析

1. 目标

（1）了解任意角的概念，知道角的概念的推广意义。

（2）用集合表示各类不同的角。

（3）了解弧度制的定义，掌握角度与弧度的转换关系。

（4）用弧度制计算扇形的面积和弧长。

2. 目标解析

（1）通过不同的分类方式初步认识任意角，能识别正角、负角、零角、象限角和终边相同的角。

（2）类比角度制的定义，解释弧度制，了解引入弧度制的必要性。

（3）进行弧度与角度之间的互化，能说明弧度制下的弧长、扇形面积等公式的简洁性，进一步认识引入弧度制的意义。

3. 素养目标

		行为方面		核心素养		
		1	2	1	2	3
内容方面	1. 实例抽象	从现实情境中的地球自转引起的昼夜交替现象等出发，从数学的角度发现问题、提出问题	在已学过的指数函数、对数函数的基础上，学习刻画周期性变化规律的三角函数	数学抽象		直观想象
	2. 概念形成（一）	通过体操中的转体、齿轮旋转等实际问题引出角的概念的推广问题	对问题情境中的数学问题进行分析，并概括总结出正负角和零角的概念	逻辑推理	数学建模	
	3. 概念剖析（一）	将初中学过的角的概念推广到任意角，在此基础上引出象限角的概念、终边相同的角的表示方法	角的范围扩充后，不仅可以"小角减大角"，而且两角和被赋予了全新的意义	数学运算	逻辑推理	
	4. 概念形成（二）	类比度量长度、度量质量等使用不同的单位给解决问题带来的方便，通过提出是否也能用十进制的实数来度量角的大小的问题引入弧度制的意义		逻辑推理	数学建模	

		行为方面		核心素养		
		1	2	1	2	3
内容方面	5. 概念剖析（二）	了解弧度制引入的好处	通过弧度制的定义引导学生学会角度制与弧度制的换算	数学运算	逻辑推理	
	6. 概念升华	学会使用弧度制计算扇形面积和弧长		逻辑推理	数学运算	

5.1.3 教学重难点

重点：将 0°～360° 的角扩充到任意角，弧度制，弧度与角度的互换。
难点：任意角概念的建构，弧度的概念，用集合表示终边相同的角。

5.1.4 教学问题诊断分析

本节教学以概念为主线，重在概念的内涵挖掘，在概念的基础上形成指数运算及其性质。学生需要加深对符号语言的认识与理解。教师对于指数的相关概念的教学务必要突出由特殊到一般、数形结合、由具体到抽象的处理问题的思想与方法。在概念自然生成、内涵挖掘、总结应用、引申拓展等方面进行师生互动、生生互动，通过学生主动获取知识、小组合作学习、教师答疑解惑来完成教学，最终形成完整的知识体系。

教学支持条件方面，可以利用图形计算器等辅助工具。

5.2 三角函数的概念

5.2.1 教学内容及内容解析

1. 内容

本节的知识结构如下：

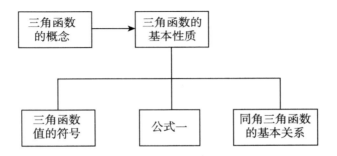

2. 内容解析

三角函数是一类最典型的周期函数，是解决实际问题的重要工具，是学习数学、物理和天文等学科的重要基础。人们习惯把三角函数看成锐角三角函数的推广，利用象限角终边上点的坐标比定义三角函数；锐角三角函数的研究对象是三角形，是三角形中边与角的定量关系（三角比）的反映；任意角三角函数的现实背景是周期变化现象，是"周而复始"变化规律的数学刻画，如果以锐角三角函数为基础进行推广，那么三角函数概念发展过程的完整性将遭到破坏。因此，任意角三角函数知识体系的建立应与其他基本初等函数类似，强调以周期变化现象为背景，构建从抽象研究对象（定义三角函数概念）到研究它的图像、性质再到实际应用的过程，与锐角三角函数的联系可以在给出任意角三角函数定义后再进行考查。

一般来说，三角函数概念的形成应按"事实—概念"的路径进行，即学生要经历"背景—研究对象—对应关系的本质—定义"的过程。在本节的学习中，学生在经历这个过程形成三角函数概念的同时，"顺便"就可得到值域、函数值的符号、公式一及同角三角函数的基本关系等性质。根据上述分析，可以确定本节的教学重点：正弦函数、余弦函数、正切函数的定义，公式一，同角三角函数的基本关系。其中，正弦函数、余弦函数的定义是重点。本节建议用 3 课时：第 1 课时，三角函数的概念；第 2 课时，三角函数的基本性质；第 3 课时，概念和性质的简单应用。

5.2.2 教学目标及目标解析

1. 目标

（1）了解三角函数的背景，体会三角函数与现实世界的密切联系。

（2）经历三角函数概念的抽象过程，借助单位圆理解任意角三角函数（正弦、余弦、正切）的定义，发展数学抽象素养。

（3）掌握三角函数值的符号。

（4）掌握公式一，初步了解三角函数的周期性。

（5）理解同角三角函数的基本关系式，即 $\sin x^2 + \cos x^2 = 1$，$\dfrac{\sin x}{\cos x} = \tan x$，了解三角函数的内在联系性，通过运用基本关系式进行三角恒等变换，发展数学运算素养。

2. 目标解析

（1）了解线性函数、反比例函数、二次函数、幂函数、指数函数、对数函数的现实背景，知道三角函数是刻画现实世界中"周而复始"变化规律的数学工具。体会匀速圆周运动在周而复始变化现象中的代表性；完成课本第177 页的探究。

（2）分析单位圆上点的旋转中涉及的量及其相互关系，获得对应关系并抽象出三角函数的概念；根据定义求给定角的三角函数值；解答与课本第 178 页中例 1、第 179 页中例 2 类似的问题。

（3）根据定义得出三角函数在各象限取值的符号规律；完成课本第 180 页的探究；解答与课本第 180 页例 3、例 4 类似的问题。

（4）根据定义，结合终边相同的角的表示方法得出公式一，并据此描述三角函数周而复始的取值规律，求某些角（特殊角）的三角函数值；解答与

课本第 181 页中例 5 类似的问题。

（5）利用定义以及单位圆上点的横、纵坐标之间的关系，发现并得出"同角三角函数的基本关系"，并用于三角恒等变换；解答与课本第 183 页中例 6、例 7 类似的问题。

3. 素养目标

<table>
<tr><td rowspan="2"></td><td rowspan="2"></td><td colspan="2">行为方面</td><td colspan="3">核心素养</td></tr>
<tr><td>1</td><td>2</td><td>1</td><td>2</td><td>3</td></tr>
<tr><td rowspan="2">内容方面</td><td>1. 概念形成（一）</td><td>把任意角的三角函数看成锐角三角函数的（形式）推广，利用角的终边上点的坐标比定义三角函数</td><td>从建立周期现象的数学模型出发，利用单位圆上点的坐标定义三角函数，然后建立与锐角三角函数的联系</td><td>数学抽象</td><td>数学建模</td><td></td></tr>
<tr><td>2. 概念剖析（一）</td><td>通过对"周期现象—圆周运动—单位圆上点的旋转运动"的分析，使研究对象简单化、本质化；通过分析单位圆上的点在旋转中各变量之间的相互关系，获得对应关系并抽象出三角函数的概念</td><td>在"α 与 x,y 对应关系"的认识上破除定式，清楚三角函数的"三要素"，特别是要先明确"给定一个角，如何得到对应的函数值"的操作过程，然后给出定义</td><td>数学抽象</td><td>逻辑推理</td><td></td></tr>
</table>

续 表

		行为方面		核心素养		
		1	2	1	2	3
内容方面	3. 概念形成（二）	结合课本第178页"探究"栏目，根据定义得出三角函数的定义域和函数值的符号规律	在求一个角的三角函数值时，常常要根据这个性质先确定符号再求绝对值，有时还要根据条件对三角函数值的符号进行讨论	逻辑推理	数学运算	
	4. 概念剖析（二）	利用公式一，可以把求任意角的三角函数值转化为求0～2π内角的三角函数值	公式一从代数的角度揭示了三角函数值的周期变化规律，也体现了几何与代数的融合	数学运算	逻辑推理	
	5. 概念形成（三）	在课本第182页"探究"栏目的引导下，以单位圆上点的坐标的意义为基础，在单位圆中构造出直角三角形是得到同角三角函数基本关系的关键	先画出课本第183页的图5.2－7，再思考其中的几何关系	逻辑推理	数学运算	

		行为方面		核心素养		
		1	2	1	2	3
内容方面	6. 概念剖析（三）	课本第 183 页中的例 6 是根据一个角的某个三角函数值求其余两个函数值的，目的是让学生进一步熟悉同角三角函数的基本关系式	在解决这类问题时，要先判断角是第几象限的，进而确定所求三角函数值的符号，再具体求解	逻辑推理	数学运算	
	7. 概念升华	课本第 183 页中的例 7 是恒等式的证明，目的是让学生通过三角恒等式的证明进一步理解同角三角函数的基本关系	"同角"有两层含义：一是角相同，二是对任意一个角（在使得函数有意义的前提下）关系式都成立	逻辑推理	数学运算	

5.2.3 教学重难点

重点：任意角的正弦、余弦、正切的定义，同角三角函数的基本关系。

难点：影响单位圆上点的坐标变化的因素分析，三角函数的定义方式的理解，三角函数内在联系性的认识。

5.2.4 教学问题诊断分析

三角函数概念的学习，其认知基础是函数的一般观念以及对幂函数、指数函数和对数函数的研究经验，还有圆的有关知识。这些认知准备对于分析"周而复始"变化现象中涉及的量及其关系，认识其中的对应关系并给出定义等都能起到思路引领作用。然而，前面学习的基本初等函数涉及的量（常量与变量）较少，解析式都有明确的运算含义，在三角函数中，影响单位圆上点的坐标变化的因素较多，对应关系不以"代数运算"为媒介，是"α 与 x,y 直接对应"，无须计算——虽然 α，x,y 都是实数，但实际上是"几何元素间的对应"。所以，三角函数中的对应关系与学生的已有经验距离较大，由此产生第一个学习难点：理解三角函数的对应关系，包括影响单位圆上点的坐标变化的因素分析以及三角函数的定义方式的理解。

本节的第二个学习难点是对三角函数内在联系性的认识。出现这个难点的主要原因在于三角函数联系方式的特殊性，学生在之前的基本初等函数学习中没有这种经验，同时学生从联系的观点看问题的经验不足，对"如何发现函数的性质"的认识不充分等而导致的发现和提出性质的能力不强。为此，教学中教师应在思想方法上加强引导。

教学支持条件分析：为了加强学生对单位圆上点的坐标随角（圆心角）的变化而变化的直观感受，需要利用信息技术建立任意角、角的终边与单位圆的交点、角的旋转量、交点坐标等之间的关联；教学中，可以动态改变角 α 的终边 OP（P 为终边与单位圆的交点）的位置，引导学生观察 OP 位置的变化所引起的点 P 坐标的变化规律，感受三角函数的本质，同时感受终边相同的角具有相同的三角函数值，以及各三角函数在各象限中符号的变化情况。

5.3 诱导公式

5.3.1 教学内容及内容解析

1. 内容

本节的知识结构如下：

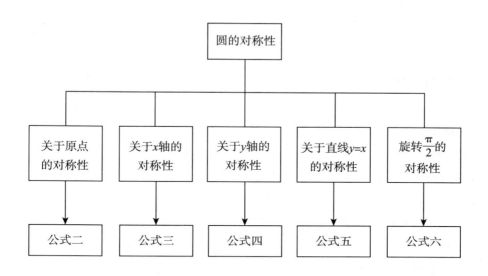

2. 内容解析

诱导公式的本质就是圆的对称性的代数表示。对于 $\pi + \alpha$，$\frac{\pi}{2} + \alpha$，还可以从旋转对称的角度认知它们，与从轴对称认知的本质一致，而这样认知与诱导公式一及后续的两角差的余弦公式的研究就一致了。因此，这种变式为后续利用旋转对称性探究两角差的余弦做了铺垫。可见，本节是培养学生发现和提出问题、分析和解决问题能力，发展学生直观想象核心素养的载体。在数学史上，求三角函数值曾经是一个重要而困难的问题。数学家制作了锐角三角函数值表，并通过公式将任意角转化为锐角进行计算。现在，我们可以利用计算工具方便地求任意角的三角函数值，所以这些公式的"求值"作用已经不重要了，但它们所体现的三角函数的对称性在解决三角函数的各种问题中却依然有重要作用。本节，利用诱导公式解决问题，重要的是观察计算对象的特征，选择合适的诱导公式，确定恰当的求解路线，并进行求解。

5.3.2　教学目标及目标解析

1. 目标

（1）经历诱导公式的探究过程，积累应用类比、转化、数形结合等方法研究三角函数性质的经验，提升直观想象核心素养。

（2）初步应用诱导公式解决问题，积累解题经验，提升数学运算核心素养。

2. 目标解析

（1）在平面直角坐标系中，给出任意角 α 的终边与单位的交点 P，结合单位圆的特殊对称性——关于原点对称和关于特殊直线对称，学生能分别画出相应的对称点 Q，利用三角函数的定义给出相应的坐标，并能求出以 OQ 为终边的角与角 α 的坐标之间的关系，从而建立三角函数之间的关系，即诱导公式；能完成课本第 188 页探究 1、第 191 页探究 2、第 192 页探究 3。

（2）能利用诱导公式进行化简、计算和证明；能解答与课本第 189 页中的例 1、第 190 页中的例 2、第 192 页中的例 3、第 193 页中的例 4 类似的问题和课本第 194 页中的练习第 2，3 题。特别是在遇到比较复杂的问题时，能根据运算对象的特点选择合适的公式，确定合适的求解方案，并能正确求解，能在完成解题的基础上概括出利用诱导公式求解的一般程序。能解答与课本第 193 页中的例 5 类似的问题和课本第 195 页中的练习第 8 题。

3. 素养目标

		行为方面		核心素养		
		1	2	1	2	3
内容方面	1. 类比推理	在前面利用圆的几何性质得到了同角三角函数之间的基本关系的基础上，利用圆的对称性研究三角函数的对称性		逻辑推理	数学抽象	

		行为方面		核心素养		
		1	2	1	2	3
内容方面	2. 概念形成（一）	课本第 188 页中的探究 1 有着示范性，它承载着建立研究方法、培养用联系的观点看问题的习惯的重任	研究思路：圆的对称性—角与角的关系—坐标间的关系—三角函数的关系	直观想象		
	3. 概念剖析（一）	教学时要利用好课本中的"探究"栏目，紧扣其中的问题，引导学生的思维，发展学生的直观想象素养	第一步从形的角度入手研究；第二步将形的关系代数化，并从不同角度进行表示，体现数形结合的思想方法；第三步则体现了联系性	逻辑推理	直观想象	
	4. 概念形成（二）	课本第 191 页中的探究 2 给学生留下了自主探究和推理论证的空间，教学时，可以引导学生类比上述研究过程展开研究，进一步领会研究方法		直观想象	逻辑推理	

91

续 表

		行为方面		核心素养		
		1	2	1	2	3
内容方面	5. 概念剖析（二）	从旋转的角度认识圆的中心对称性——二者本质一致，为后续利用旋转对称性探究两角差的余弦做铺垫	诱导公式应当以单位圆为载体，在理解的基础上记忆，注重诱导公式探究的过程，使学生建立各组公式与图形的联系，加深理解公式，学会利用单位圆帮助记忆	直观想象	数学运算	
	6. 概念形成（三）	课本第192页中的探究3与前两个探究相比，采用的研究方法一样，对称轴也是特殊的直线——y轴，其推导简单易行	引导学生按照本节的方法进行进一步的探索发现。通过对比发现，课本中探究3所用的方法体现了数学的简洁美	直观想象	数学运算	
	7. 概念剖析（三）	课本第192页中的探究3开放式的探究回答了课本中提出的问题：角α的终边首先关于直线$y=x$作对称，再关于y轴作对称，就得到角$\frac{\pi}{2}+\alpha$的终边	为后续两角差的余弦公式的推导做铺垫	直观想象	数学运算	

续 表

		行为方面		核心素养		
		1	2	1	2	3
内容方面	8. 概念升华	以课本中的"探究"栏目为引导，依据单位圆的对称性，让学生自主发现单位圆上的点分别关于原点、坐标轴、直线 $y=x$ 对称时，对应的终边与角 α 的终边之间的关系，进而利用三角函数定义将这种对称关系代数化，得到诱导公式。这样使得诱导公式（数）与单位圆（形）成为一个整体	课本中的例题教学不能满足于完成求值、化简，要引导学生总结利用诱导公式解题的基本步骤：先明确角所在的象限，再选择恰当的诱导公式，并按照一定的程序进行运算，求得运算结果	逻辑推理	数学运算	

5.3.3 教学重难点

重点：利用圆的对称性探究诱导公式，运用诱导公式进行简单三角函数式的求值、化简与恒等式的证明。

难点：发现圆的对称性与三角函数之间的关系，建立联系。

5.3.4 教学问题诊断分析

本节就单个知识点而言是比较好理解的，但是公式比较多，学生应用和记忆时会出现困难或者混淆。本节的教学难点之一：诱导公式的有效识记和应用。为突破这一难点，在本节的教学过程中教师要充分发挥单位圆的直观作用，提高学生的直观想象核心素养，让学生理解诱导公式的本质：圆的对称性的代数化、三角函数的性质。学生能主动依托单位圆，想象它的对称性，就可以准确记忆诱导公式。对于公式的应用，要提高学生分析问题的能力，即要形成一定的求解程序，提升学生的数学运算素养。

学生在理解诱导公式时总是有思维定式，以为 α 是锐角，导致解题时通过角所在象限判断诱导公式的符号出错。本节的第二个难点：诱导公式中角 α 可以是任意角的理解。为突破这一难点，在推导诱导公式时要充分地应用变式。例如，在推导公式二时，点 P_1 的位置一般选在第一象限，获得公式后，可以变化点 P_1 的位置，让学生观察：点 P_1 的位置变化时，点 P_2 与点 P_1 的坐标之间的关系，并抽象概括出这两点的坐标之间的关系与点 P_1 的位置无关。因此，公式中的角 α 可以是任意角。在此基础上，配以具体题目，让学生感受这种概括的正确性。

5.4　三角函数的图像与性质

5.4.1　教学内容及内容解析

1. 内容

正弦函数、余弦函数的图像与性质包括正弦函数、余弦函数图像的画法，正弦函数、余弦函数的周期性、奇偶性和单调性。

本节的知识结构如下：

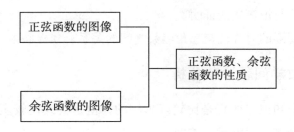

2. 内容解析

正弦函数、余弦函数是一类基本初等函数，作为函数的下位知识，对于它们的研究基本遵从函数图像与性质的研究思路，可以通过类比、对比指数函数、对数函数等展开研究：绘制函数图像—观察图像、发现性质—证明性质。

在精准绘制了一个点之后，即可用相同的方法描出其他的点，进而描出正弦函数在一个周期内的图像，并通过平移描出正弦函数的图像。这个过程充分体现了从特殊到一般的研究方法。在此基础上，通过平移变换，画出余弦函数图像。有了函数图像就可以发挥图像的直观作用，通过观察获得正弦函数、余弦函数的性质，并给予代数证明。这一过程充分体现了数形结合思想。

5.4.2 教学目标及目标解析

1. 目标

（1）经历绘制正弦函数图像的过程，掌握描点法，掌握绘制正弦函数图像的"五点法"。

（2）经历绘制余弦函数图像的过程，理解其中运用的图像变换的思想。

（3）经历利用函数图像研究函数性质的过程，掌握正弦函数、余弦函数的性质。

2. 目标解析

（1）先根据正弦函数的定义绘制一个点，再绘制正弦函数在一个周期 $[0, 2\pi]$ 内的图像，最后通过平移得到正弦函数的图像；说出正弦函数图像的特点，并能用"五点法"绘制正弦函数的图像。

（2）用图像变换的方法，由正弦函数的图像绘制余弦函数的图像，并能就一个具体的点清晰地解释图像的变换方式及原因；能用"五点法"绘制余弦函数的图像。

（3）利用正弦函数和余弦函数的图像得到其周期性、奇偶性、单调性、最值等性质，并给予代数证明；利用正弦函数和余弦函数的性质解决有关的问题。

3. 素养目标

		行为方面		核心素养		
		1	2	1	2	3
内容方面	1. 类比推理	从定义出发，提出研究函数的一般思路和方法	结合三角函数的特性（周期性），简化对三角函数图像与性质的研究过程	逻辑推理	直观想象	
	2. 概念形成（一）	结合课本第196页中的"思考"栏目，引导学生类比过去的学习经验，提出从定义出发画函数图像，再借助图像获得性质的研究思路	结合课本第197页中的"思考"栏目，根据函数周期性可以将实数集范围的作图问题归结为区间 $[0, 2\pi]$ 的作图问题	数据分析	直观想象	
	3. 概念剖析（一）	对于函数的研究，作出其简图往往起重要作用，因此有必要要求学生熟练掌握"五点法"作图	结合课本第198页中的"思考"栏目，引导学生观察图像中的关键点，在精度要求不高的情况下，这样作图更方便、有效	逻辑推理	直观想象	

续 表

		行为方面		核心素养		
		1	2	1	2	3
内容方面	4. 概念形成（二）	为了给学生更大的探索空间，结合课本第 198 页"思考"栏目和第 199 页的探究，引导学生探究正弦函数与余弦函数的联系，通过图像变换得到余弦曲线		数学抽象	逻辑推理	数学运算
	5. 概念剖析（二）	结合课本第 199 页中的例 1，通过画两个简单函数的简图加深学生对正弦曲线与余弦曲线图形特征的认识，熟练掌握"五点法"作图的操作步骤	结合课本第 200 页中的思考，引导学生初步感知函数解析式的变换与图像变换之间的内在联系，为后续的三角函数的图像变换做铺垫	逻辑推理	数学运算	直观想象
	6. 概念形成（三）	学生对函数性质的研究已有比较丰富的经验——借助对图像特征的观察获取函数的性质是一个基本方法。结合课本第 201 页中的探究，引导学生明确函数性质的研究内容，选择适当的研究方法	在三角函数的性质中，周期性是最特别和最重要的，只要认识一个周期上函数的性质，那么整个定义域上函数的性质就完全清楚了，因此，课本将周期性的研究放在了首位	逻辑推理	直观想象	

续 表

		行为方面		核心素养		
		1	2	1	2	3
内容方面	7. 概念剖析（三）	课本第208页中的内容："探究与发现"——利用单位圆的性质研究正弦函数、余弦函数的性质	这是对利用函数图像研究函数性质的方法的补充，同时为后续利用单位圆推导三角公式做了铺垫，也突出了单位圆在研究三角函数中的重要价值			
	8. 概念形成（四）	结合课本第209页中的"思考"栏目，用两个问题引导学生对函数性质的研究经验进行概括总结，并让学生尝试用不同的方法进行创造性的实践	两种思路：一是先根据三角函数的定义，借助单位圆直接画出函数的图像，再利用图像直观研究函数的性质；二是以定义为出发点，先研究函数的部分性质，再结合定义和这些性质研究函数的图像，然后借助对图像的观察进一步获得函数的其他性质			

续 表

		行为方面		核心素养		
		1	2	1	2	3
内容方面	9. 概念剖析（四）	由于一个角的正切值是这个角的终边与单位圆交点的坐标比值，难以直接利用正切值的几何意义对正切函数进行几何作图；对正切函数图像与正切定义之间的内在联系学生在理解上有一定的难度。为突破这一难点，课本采用了第二种思路	正切函数的图像被与 y 轴平行的一系列直线 $x = \dfrac{\pi}{2} + k\pi$ 所隔开并无限逼近，教学时需紧紧围绕正切的定义并借助信息技术进行直观而细致的分析			
	10. 概念升华	奇偶性也可起到简化研究函数性质的作用，同时周期性和奇偶性的综合可以加深学生对正弦曲线和余弦曲线的对称性的认识，因此课本首先编排了这两个性质的内容	利用三角函数的周期性，可以先从一个周期入手研究它的单调性；所有性质也可以借助单位圆进行直观想象。多角度联系有助于对知识的理解和掌握	逻辑推理	直观想象	

5.4.3 教学重难点

重点：正弦函数、余弦函数的图像及其性质（包括周期性、奇偶性、单调性、最值和值域）。

难点：掌握准确绘制函数图像一个点的方法，并由此绘制出正弦函数的图像；对三角函数性质的理解。

5.4.4 教学问题诊断分析

学生虽然已经拥有丰富的绘制函数图像的经验，但是利用定义的几何意义绘制函数图像还是第一次，因此在思维习惯上存在障碍。教学时教师要给予充分引导，特别强调准确地绘制出函数的图像这一要求，让学生感受到这种做法的困难，然后从三角函数的定义上分析点的坐标的几何意义，让学生真正理解。

在研究正弦函数、余弦函数的性质时，利用图像获得性质比较容易，但是进行代数论证比较困难。为此，教师首先要培养学生的代数说理习惯，其次要给予完整的代数论证过程，还要采取具体化的方法进行说明，即选择图像上的一个点，通过这个点的变化说明图像的变换，并渗透换元转化的思想方法。

三角函数图像的对称性比较丰富，这也是学生理解上的一个困难所在，为此，教师可以借助图像，让学生直观想象函数图像向两端无限延伸的情况。

5.5 三角恒等变换

5.5.1 教学内容及内容解析

1. 内容

本节的知识结构如下：

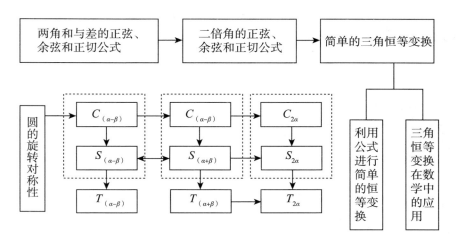

2. 内容解析

本节内容可分为两部分：第一部分是两角和与差的正弦、余弦和正切公式；第二部分是简单的三角恒等变换。第一部分是基于圆的对称性进行研究，用到的是圆的一般对称性，即旋转对称性，这种特殊与一般的关系蕴含着诱导公式与两角和（差）公式之间的特殊与一般的关系，一共11个公式，这11个公式的推导是发展学生逻辑推理素养的载体。第二部分从两个角度进行简单的三角恒等变换，在这个过程中要注重发展学生的数学运算素养。

5.5.2 教学目标及目标解析

1. 目标

（1）掌握两角和与差的正弦、余弦、正切公式并能灵活运用。

（2）掌握二倍角的正弦、余弦、正切公式。

（3）掌握公式的变形，并能运用。

（4）能进行基本的三角恒等变换。

2. 目标解析

（1）知道两角差的余弦公式是圆的旋转对称性的代数表示，并能利用两角差的余弦公式推导出两角和与差的正弦、余弦、正切公式，能说出它们之间的关系，会用相关公式求值、化简和证明。

（2）利用两角和的正弦、余弦、正切公式导出二倍角的正弦、余弦、正切公式，能说出它们之间的内在联系，会用相关公式求值、化简和证明。

（3）运用三角公式进行简单的三角恒等变换（包括导出积化和差公式、和差化积公式、半角公式，但对这三组公式不要求记忆）。

（4）根据给定的三角函数式中角、三角函数的不同，选择合适的公式进行合理的变形，研究三角函数的性质。

3. 素养目标

		行为方面		核心素养		
		1	2	1	2	3
内容方面	1. 类比推理	利用诱导公式可以对三角函数式进行恒等变形，可以达到化简、求值或证明的目的	引导学生思考：把诱导公式中的特殊角换为任意角 β，那么任意角 α 与 β 的和（或差）的三角函数与 α,β 的三角函数会有什么关系呢?	逻辑推理	数学抽象	
	2. 概念形成（一）	在课本第215页"探究"栏目中首先指出了实现正弦函数、余弦函数互化的诱导公式，帮助学生找到建立联系的途径		数学抽象	逻辑推理	数学建模
	3. 概念剖析（一）	利用圆的旋转对称性和两点间距离公式推导两角差的余弦公式 $S_{(\alpha+\beta)}$, $C_{(\alpha+\beta)}$, $T_{(\alpha+\beta)}$	注重引导学生进行观察、比较，确定差异，寻找联系及联系的途径，这是数学思维的起点	逻辑推理	直观想象	数学运算

		行为方面		核心素养		
		1	2	1	2	3
内容方面	4. 概念形成（二）	结合课本第 217 页中的"思考"栏目启发学生依据自己的思路设计本课时的推导过程	课本第 218 页中的第一个"探究"栏目也是先帮助学生找到建立联系的途径：根据正切函数与正弦函数、余弦函数的关系进行推导，之后的推导留给学生完成	数学抽象	逻辑推理	数学运算
	5. 概念剖析（二）	课本第 218 页中的第二个"探究"栏目也是开放式的，鼓励学生按照上述思路做进一步的探索研究	课本第 218 页中的例 3 是运用和（差）角公式的基础题，目的是训练学生思维的有序性，逐步培养他们良好的思维习惯。教学中教师要有意识地对学生的思维习惯进行引导	逻辑推理	数学运算	
	6. 概念形成（三）	以公式 $C_{(\alpha-\beta)}$ 为基础来推导倍角公式	"倍"是描述两个数量之间的关系的，如 2α 是 α 的 2 倍，4α 是 2α 的 2 倍，$\frac{\alpha}{2}$ 是 $\frac{\alpha}{4}$ 的 2 倍，这里蕴含着换元思想	逻辑推理	数学运算	

续　表

		行为方面		核心素养		
		1	2	1	2	3
内容方面	7. 概念升华	课本第 219 页中的例 4 要求学生全面理解公式，即要求学生从正（从左到右）、反（从右到左）两个角度使用公式	课本第 219 页例 4 中的（1）（2）是简单的公式反用，目的在于培养学生逆向思维意识及思维的灵活性；解决例 4 中的（3）时，如果让学生独自考虑公式反用学生会有一定的难度，所以在教学中教师应充分注意课本的处理方法	逻辑推理	数学运算	

5.5.3　教学重难点

重点：利用圆的旋转对称性推导两角差的余弦公式，两角和与差的三角函数的其他公式及其内在联系。

难点：发现两角和（差）的三角函数与圆的旋转对称性间的联系；认识三角恒等变换的特点，并能解决一些三角恒等变换的问题。

5.5.4　教学问题诊断分析

三角恒等变换这一节公式较多，公式正反变形复杂，学生存在的共性问题是没有解题思路。在教学中教师要引导学生对变换对象目标进行对比、分析，促使学生形成对解题过程中如何选择公式，如何根据问题的条件进行公式变形，以及变换过程中体现的换元、逆向使用公式等数学思想方法的认知。

5.6 函数 $y = A\sin(\omega x + \varphi)$

5.6.1 教学内容及内容解析

1. 内容

建立一般的匀速圆周运动函数模型；参数 A, ω, φ 对函 $y = A\sin(\omega x + \varphi)$ 图像的影响；函数 $y = A\sin(\omega x + \varphi)$ 的简单应用。

本节的知识结构如下：

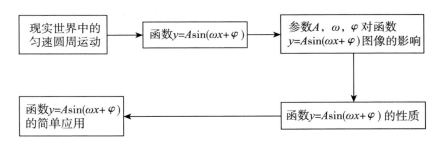

本节内容建议用 2 课时完成：第 1 课时，让学生经历对简车运动的数学建模过程，提出对函数 $y = A\sin(\omega x + \varphi)$ 的研究思路，探究参数 A, ω, φ 对函数 $y = A\sin(\omega x + \varphi)$ 图像的影响；第 2 课时，让学生会用"五点法"和图像变换的方法画函数 $y = A\sin(\omega x + \varphi)$ 的简图，并能应用函数 $y = A\sin(\omega x + \varphi)$ 的图像与性质解决简单的实际问题。

2. 内容解析

函数 $y = A\sin(\omega x + \varphi)$ 具有丰富的现实背景，是描述现实生活周期现象的重要数学模型，在解决实际问题中有着重要的作用。由于正弦函数可以看作刻画单位圆上的点 P 从 A（1，0）开始做逆时针方向的单位速度的运动的数学模型，自然地，函数 $y = A\sin(\omega x + \varphi)$ 可看作刻画一般匀速圆周运动的一个重要数学模型，决定圆周运动状态的主要要素是运动的半径 A、角速度 ω 和起始角，核心是研究质点运动的时间 x 与质点到达的位置 P 之间的关系。

以筒车为背景引入函数 $y = A\sin(\omega x + \varphi)$ 具有现实意义。这是一个非常典型的函数建模过程,结合筒车的圆周运动研究函数 $y = A\sin(\omega x + \varphi)$,不仅能联系实际,突出参数 A,ω,φ 的物理意义,而且能联系函数解析式、函数的图像,并充分揭示它们之间的内在逻辑关系,为提升学生数学抽象、直观想象和逻辑推理等数学素养提供重要的平台。

研究函数 $y = A\sin(\omega x + \varphi)$ 的性质,关键是研究参数 A,ω,φ 的变化对函数图像的影响。从函数 $y = \sin x$ 的图像出发,依次研究各参数对图像的影响,进而从整体上把握从正弦函数的图像通过变换得到函数 $y = A\sin(\omega x + \varphi)$ 图像的过程,体现了从特殊到一般的方法。

基于以上分析确定本节的教学重点:用函数 $y = A\sin(\omega x + \varphi)$ 的模型来刻画一般的匀速圆周运动的建模过程;参数 A,ω,φ 对函数 $y = A\sin(\omega x + \varphi)$ 图像的影响以及函数 $y = A\sin(\omega x + \varphi)$ 图像的变换过程。

5.6.2 教学目标及目标解析

1. 目标

(1)了解函数 $y = A\sin(\omega x + \varphi)$ 的图像的现实背景,经历匀速圆周运动的数学建模过程,进一步体会三角函数与现实世界的密切联系,发展数学建模素养。

(2)了解参数 A,ω,φ 对函数 $y = A\sin(\omega x + \varphi)$ 图像的影响,理解参数 A,ω,φ 在圆周运动中的实际意义,发展数学抽象、逻辑推理与直观想象的数学素养。

(3)了解从正弦曲线到函数 $y = A\sin(\omega x + \varphi)$ 图像的变换过程,能用"五点法"画函数 $y = A\sin(\omega x + \varphi)$ 的图像。

(4)运用函数 $y = A\sin(\omega x + \varphi)$ 的图像与性质解决简单的数学问题和实际问题。

2. 目标解析

(1)借助筒车这一现实模型,说明函数 $y = A\sin(\omega x + \varphi)$ 与现实中的匀速圆周运动之间的内在联系;通过对筒车运动变化规律的观察分析、抽象概括,获得函数模型 $y = A\sin(\omega x + \varphi)$,并能说出参数 A,ω,φ 以及变量 x,y 的物理意义。

（2）借助信息技术呈现质点的匀速圆周运动变化过程以及质点运动规律的函数表示，结合实验操作说明参数 A, ω, φ 对函数 $y = A\sin(\omega x + \varphi)$ 图像的影响，并能从图像上任意一点的坐标变化判断函数图像的变换过程。

（3）从正弦曲线出发，经过平移变换、横坐标的伸缩变换（周期变换）、纵坐标的伸缩变换（振幅变换）得到函数 $y = A\sin(\omega x + \varphi)$ 的图像；准确解释函数解析式的变化与相应函数图像变换之间的内在联系；根据函数 $y = A\sin(\omega x + \varphi)$ 在一个周期内的零点、最小值点和最大值点画出函数的简图。

（4）根据函数 $y = A\sin(\omega x + \varphi)$ 的图像说明其性质，并能运用函数 $y = A\sin(\omega x + \varphi)$ 及其性质解决一些简单的数学问题和实际问题（限定于具有匀速圆周运动特征的实际问题）。

3. 素养目标

		行为方面		核心素养		
		1	2	1	2	3
内容方面	1. 类比推理	类比单位圆中三角函数的定义，构建周期变化的函数模型	加强数学与现实生活的联系	逻辑推理	数学抽象	
	2. 概念形成（一）	经历对筒车运动的数学建模过程，提出对函数 $y = A\sin(\omega x + \varphi)$ 的研究思路	探究参数 A, ω, φ 对函数 $y = A\sin(\omega x + \varphi)$ 图像的影响	数学抽象	逻辑推理	数学建模

续 表

		行为方面		核心素养		
		1	2	1	2	3
内容方面	3. 概念剖析（一）	明确参数的实际意义，突出学习函数 $y=A\sin(\omega x+\varphi)$ 的必要性	第 237 页例 1 通过具体的函数，复习巩固正弦型函数的物理意义，明确函数的图像特征，再把握其中的关键点进行描点作图，要求学生掌握"五点法"作图	逻辑推理	数学抽象	
	4. 概念形成（二）	用"五点法"和图像变换的方法画函数 $y=A\sin(\omega x+\varphi)$ 的简图	应用函数 $y=A\sin(\omega x+\varphi)$ 的图像与性质解决简单的实际问题	数学抽象	逻辑推理	数学运算
	5. 概念剖析（二）	从函数 $y=\sin x$ 的图像出发，依次研究各参数对图像的影响，进而从整体上把握从正弦函数的图像通过变换得到函数 $y=A\sin(\omega x+\varphi)$ 图像的过程	第 238 页例 2 以摩天轮为实际背景，巩固数学建模的过程与方法，同时与课本 5.6.1 小节开篇的筒车问题相呼应。第 238 页例 2 第（3）小题是求函数的最值，需要三角恒等变换等知识的综合应用，可以使学生进一步体会转化的思想	逻辑推理	数学运算	数学建模

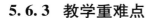

5.6.3 教学重难点

重点：用函数模型 $y = A\sin(\omega x + \varphi)$ 来刻画一般的匀速圆周运动；参数 A, ω, φ 对函数 $y = A\sin(\omega x + \varphi)$ 图像的影响，以及函数 $y = A\sin(\omega x + \varphi)$ 图像的变换过程。

难点：数学建模的过程与方法，函数 $y = A\sin(\omega x + \varphi)$ 的图像变换与其解析式变换之间的内在关系。

5.6.4 教学问题诊断分析

筒车运动模型的背景比较复杂，综合性强，需要有较强的数学建模能力，这正是学生所欠缺的，也是本节教学的第一个难点。教学中，教师可以借助信息技术呈现筒车运动的现实情境，明确要研究的问题，并通过几何图形将匀速圆周运动这一物理模型进行数学化，引导学生分析其中的变量和常量，寻找函数关系，从而突破数学建模这一难点。研究参数 A, ω, φ 对函数 $y = A\sin(\omega x + \varphi)$ 图像的影响时，参数多，解析式、图像中的各要素之间的关系比较复杂，相互关联比较隐蔽，准确作图也比较困难，这是本节教学的第二个难点。教学中，需要突出参数的实际意义，遵循从特殊到一般、从具体到抽象的过程，同时借助信息技术快速准确地画图，直观呈现各要素运动变化之间的关联性，突破教学难点。本节教学的第三个难点是从正弦曲线经过图像变换得到函数 $y = A\sin(\omega x + \varphi)$ 的图像，这个过程需要综合使用三种变换方式，顺序不同会导致每一种变换的方式有所不同，因此需要学生切实理解图像变换的本质。

5.7　三角函数的应用

5.7.1 教学内容及内容解析

1. 内容

本节的知识结构如下：

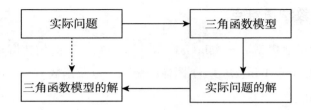

2. 内容解析

本节是在学习了三角函数图像和性质的前提下来学习三角函数模型的简单应用的，进一步突出函数源于生活、应用于生活的思想，让学生体验一些具有周期性变化规律的实际问题的数学建模思想，从而培养学生的创新精神和实践能力。

5.7.2 教学目标及目标解析

1. 目标

（1）了解三角函数是描述周期变化现象的重要函数模型，并会用三角函数模型解决一些简单的实际问题。

（2）将实际问题抽象为三角函数模型。

2. 目标解析

认识三角函数模型是描述周期变化规律的重要数学模型；结合具体的现实问题、科学问题情境，并根据三角函数的图像和性质，建立三角函数模型，解决一些简单的实际问题。

3. 素养目标

		行为方面		核心素养		
		1	2	1	2	3
内容方面	1. 类比推理	加强用三角函数模型刻画周期变化现象的学习	这是以往教学中不太关注的内容	逻辑推理	数学抽象	数学建模

续 表

		行为方面		核心素养		
		1	2	1	2	3
内容方面	2. 概念形成	用 4 个实例——弹簧振子问题、交变电流问题、温度随时间呈周期性变化的问题、港口海水深度随时间呈周期性变化的问题，介绍三角函数模型的应用	前两个实例中的模型是物理学中理想化的模型，后两个实例中的模型是现实生活中仅在一定范围内呈现出近似于周期变化的模型	数学抽象	逻辑推理	数学建模
	3. 概念剖析	由于实际问题常常涉及一些复杂数据，因此要鼓励学生利用信息技术处理数据，包括建立有关数据的散点图，根据散点图进行函数拟合等	振子的运动原理是教学的一个难点，教学前，教师可以让学生查阅资料，了解振子的运动原理	数学抽象	数学运算	数学建模
	4. 概念升华	建立数学模型解决实际问题所得的模型是近似的，并且得到的解也是近似的，这就需要根据实际背景对问题的解进行具体分析	课本第 248 页中的"思考"栏目：在货船的安全水深正好与港口水深相等时停止卸货，将船驶向较深水域是不行的，因为这样不能保证货船有足够的时间发动螺旋桨	数学抽象	数学运算	数学建模

5.7.3 教学重难点

重点：了解三角函数是描述周期变化现象的重要函数模型，并会用三角函数模型解决一些简单的实际问题。

难点：将实际问题抽象为三角函数模型。

5.7.4 教学问题诊断分析

"三角函数的应用"这一单元，目的是加强用三角函数模型刻画周期变化现象的学习，这是以往教学中不太关注的内容。

本单元选择了 4 个具体实例介绍三角函数模型的应用：弹簧振子问题，交变电流问题，温度随时间呈周期性变化的问题，港口海水深度随时间呈周期性变化的问题，课本在素材的选择上注意了真实性和广泛性，引导学生通过解决有一定综合性和思考水平的问题，培养他们综合应用数学和其他学科知识解决问题的能力。由于实际问题常常涉及一些复杂数据，因此要鼓励学生利用信息技术处理数据，包括建立有关数据的散点图，根据散点图进行函数拟合等。

5.8 小 结

5.8.1 本章知识导图

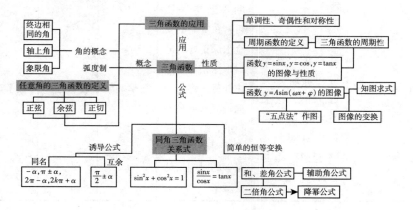

5.8.2　本章核心知识归纳

1. 任意角与弧度制

（1）与角 α 终边相同的角的集合为 $S = \{\beta \mid \beta = \alpha + 2k\pi, k \in \mathbf{Z}\}$。

（2）角度与弧度的互化：$1° = \dfrac{\pi}{180}\text{rad}$，$1\,\text{rad} = \left(\dfrac{180}{\pi}\right)°$。

（3）弧长公式：$l = |\alpha| r$。

（4）扇形面积公式：$S = \dfrac{1}{2}lr = \dfrac{1}{2}|\alpha| r^2$。

2. 任意角的三角函数

设任意角 α 的终边上任意一点 $P(x, y)$，$r = \sqrt{x^2 + y^2}$，则 $\sin\alpha = \dfrac{y}{r}$，

$\cos\alpha = \dfrac{x}{r}, \tan\alpha = \dfrac{y}{x}(x \neq 0)$。

3. 同角三角函数基本关系式

$\sin^2\alpha + \cos^2\alpha = 1$；$\dfrac{\sin\alpha}{\cos\alpha} = \tan\alpha$。

4. 诱导公式

（1）记忆口诀：奇变偶不变，符号看象限。

（2）功能：将 $k \cdot \dfrac{\pi}{2} \pm \alpha (k \in \mathbf{Z})$ 的三角函数值化为 α 的三角函数值，实现变名、变号或变角等作用。

5. 三角函数的图像

（1）正弦曲线：

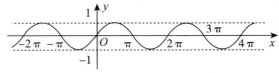

（2）余弦曲线：

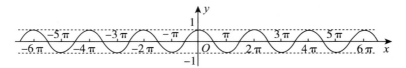

（3）正切曲线：

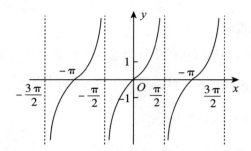

6. 三角函数的性质（表中 $k \in \mathbf{Z}$）

	$y = \sin x$	$y = \cos x$	$y = \tan x$
定义域	R	R	$\{x \mid x \in \mathbf{R}，\ 且\ x \neq \dfrac{\pi}{2} + k\pi\}$
单调性	增区间：$\left[-\dfrac{\pi}{2} + 2k\pi，\ \dfrac{\pi}{2} + 2k\pi\right]$ 减区间：$\left[\dfrac{\pi}{2} + 2k\pi，\ \dfrac{3\pi}{2} + 2k\pi\right]$	增区间：$\left[-\pi + 2k\pi，\ 2k\pi\right]$ 减区间：$\left[2k\pi，\ \pi + 2k\pi\right]$	增区间：$\left(-\dfrac{\pi}{2} + k\pi，\ \dfrac{\pi}{2} + k\pi\right)$
周期性	2π	2π	π
图像的对称轴	$x = \dfrac{\pi}{2} + k\pi$	$x = k\pi$	无
图像的对称中心	$(k\pi，\ 0)$	$\left(\dfrac{\pi}{2} + k\pi，\ 0\right)$	$\left(\dfrac{1}{2}k\pi，\ 0\right)$

7. 两角和与差的正弦、余弦、正切公式

$\cos(\alpha \pm \beta) = \cos\alpha\cos\beta \mp \sin\alpha\sin\beta$

$\sin(\alpha \pm \beta) = \sin\alpha\cos\beta \pm \cos\alpha\sin\beta$

$\tan(\alpha \pm \beta) = \dfrac{\tan\alpha \pm \tan\beta}{1 \mp \tan\alpha\tan\beta}$

8. 倍角的正弦、余弦、正切公式

$\sin 2\alpha = 2\sin\alpha\cos\alpha$

$$\cos2\alpha = \cos^2\alpha - \sin^2\alpha = 2\cos^2\alpha - 1 = 1 - 2\sin^2\alpha$$

$$\tan2\alpha = \frac{2\tan\alpha}{1 - \tan2\alpha}$$

9. 辅助角公式

$$a\sin x + b\cos x = \sqrt{a^2 + b^2}\sin(x + \varphi)\,[\,\text{其中}, \varphi \text{ 为辅助角且 } \tan\varphi = \frac{b}{a}(\text{或}$$

$$a\sin x + b\cos x = \sqrt{a^2 + b^2}\cos(x - \varphi),\left(\tan\varphi = \frac{a}{b}\right)]\,\text{。}$$

必修第二册

第六章

平面向量及其应用

【课时安排】

内容	课时	具体安排
6.1 平面向量的概念	1	平面向量的概念
6.2 平面向量的运算	6	平面向量的加法运算第 1 课时，平面向量的减法运算第 2 课时，向量的数乘运算第 3 课时，共线向量与向量数乘运算的关系第 4 课时，平面向量数量积的物理背景及其含义第 5 课时，平面向量数量积的运算律第 6 课时
6.3 平面向量基本定理及坐标表示	4	平面向量基本定理及其几何意义第 1 课时，平面向量的正交分解及坐标表示第 2 课时，平面向量的加、减运算与数乘运算的坐标表示第 3 课时，平面向量的数量积的坐标表示第 4 课时
6.4 平面向量的应用	5	平面几何中的向量方法第 1 课时，向量在物理中的应用举例第 2 课时，余弦定理第 3 课时，正弦定理第 4 课时，余弦定理正弦定理应用举例第 5 课时
合计	16	

【本章知识结构框图】

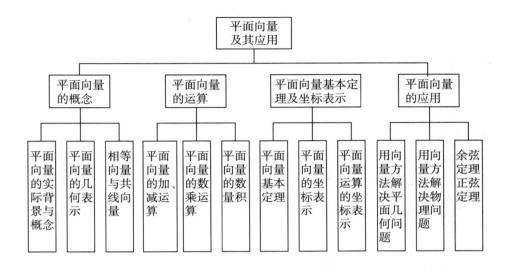

6.1　平面向量的概念

6.1.1　教学内容及内容解析

1. 内容

向量的实际背景与概念，向量的几何表示，零向量与单位向量，相等向量与共线向量。

本节的知识结构如下：

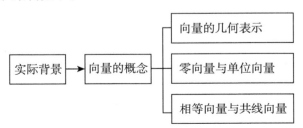

2. 内容解析

本节是向量的入门课，概念较多，但难度不大，学生可借鉴对物理学中的位移、力、速度等的认识来学习。在物理学中，位移、速度、力是既有大小又有方向的量，在数学中，我们可以以位移、速度、力等物理量为背景抽象出向量的概念。

受由用带箭头的线段表示位移启发，课本用有向线段直观表示向量。

零向量、单位向量是特殊而重要的向量，平行向量、相等向量、共线向量对具有特殊且重要关系的向量进行刻画。

向量是近代数学中重要和基本的概念之一，具有物理背景和几何背景。向量是沟通几何与代数的桥梁，在数学和物理学科中被广泛应用。用向量语言、方法表述和解决现实生活中的数学和物理问题，能提升学生的数学运算、直观想象和逻辑推理素养。

6.1.2 教学目标和目标解析

1. 目标

（1）了解向量的实际背景，理解平面向量的概念和向量的几何表示。

（2）理解向量的模、零向量、单位向量、平行向量、相等向量、共线向量等定义。

2. 目标解析

（1）通过对力、速度、位移等的分析，了解平面向量的实际背景；初步认识现实生活中的向量和数量的本质区别。

（2）通过类比用带箭头的线段表示位移，理解用有向线段表示向量，进而理解向量的表示。

（3）借助有向线段的长度和方向，理解向量的模、零向量、单位向量、平行向量、相等向量、共线向量等定义；能厘清平行向量、相等向量、共线向量的关系。

3. 素养目标

考点	学习目标	核心素养
平面向量的相关概念	了解平面向量的实际背景，理解平面向量的相关概念	数学抽象
平面向量的几何表示	掌握向量的表示方法，理解向量的模的概念	数学抽象
相等向量与共线向量	理解两个向量相等的含义以及共线向量的概念	数学抽象、逻辑推理

6.1.3　教学重难点

重点：向量的概念，向量的几何表示，相等向量和共线向量的概念。

难点：向量的概念和共线向量的概念。

6.1.4　教学问题诊断分析

向量是一个全新的概念，但是学生有生活经验和物理素材的认知基础，如物理学中的位移、力、速度等概念，所以不难理解向量的定义。但是在学习向量的表示时学生会遇到困难：一是用符号表示时往往会忘记字母是带箭头的，这是受实数书写习惯的负迁移所致。二是容易将有向线段与向量混为一谈。因此，教学时，对向量的符号表示要让学生动手书写，最好是板演，在师生探讨中克服思维负迁移。三是要对有向线段与向量之间的关系进行梳理，找出联系与区别。此外，向量有"大小""方向"两个基本要素，教学中可以让学生将向量与数量的概念进行比较，并让他们举出物理学中向量和数量的其他一些实例，从而更好地理解向量的特征。

共线向量与平行向量是等价的，只是名称的用词具有相应的针对性。教学中，要使学生体会两个共线向量并不一定要在同一条直线上，只要两个向量是平行向量就是共线向量，两个向量是共线向量就是平行向量，还要避免向量的"平行""共线"与平面几何中直线的平行和线段的共线相混淆，让学生认清平行向量与平行线、共线向量与共线线段的区别。

6.2 平面向量的运算

6.2.1 教学内容及内容解析

1. 内容

平面向量的加法运算、减法运算、数乘运算以及它们的运算规则和几何意义。

本节的知识结构如下：

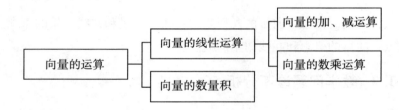

2. 内容解析

本节是在学生已经学习了平面向量概念的基础上，对平面向量这个新获得的数学研究对象从运算的角度进一步展开研究。我们知道实数因为有了运算威力无穷，类比实数的运算，借助向量的物理背景，可以定义向量的运算。

定义了平面向量加法、减法和向量数乘运算（向量的线性运算），不仅扩充了运算对象，使学生认识到运算的形式在不断发展，而且为向量的应用奠定了基础，运用向量运算可以把平面图形的性质转化为向量的运算体系。例如，向量的加法用几何语言来讲就是"三角形法则"或"平行四边形法则"，向量数乘是一类共线向量的几何特征的代数表示。共线向量定理为本章的另一个核心内容——平面向量基本定理奠定了基础。

向量运算体系的建立也会让学生进一步体会数学内部，如代数、几何、三角函数等知识之间的内在联系。从向量运算的角度来看，向量具有较好的代数结构：向量及其加法运算、向量数乘运算构成向量空间。平面向量的运算对后续选择性必修课程内容空间向量的学习具有启发性，可以类比地学习有关内容，也为学生进入大学学习线性代数奠定了基础。

本节在研究平面向量的运算时，可以借助物理中的有关模型或与数的运算的类比，如借助位移的合成引出向量加法的三角形法则，借助与数的运算的类比来定义向量的减法。本节内容蕴含了数形结合、类比、归纳、抽象等数学思想方法，是培养学生数学抽象、逻辑推理、数学运算、直观想象等数学学科核心素养的极好载体。

6.2.2 教学目标及目标解析

1. 目标

（1）借助实例和平面向量的几何表示，掌握平面向量加、减运算及运算规则，并理解其几何意义。

（2）借助实例，掌握平面向量数乘运算及运算规则，理解其几何意义，理解两个平面向量共线的含义。

（3）了解平面向量的线性运算的运算律和运算性质。

2. 目标解析

（1）从物理中位移的合成、力的合成的具体实例中抽象出向量的加法法则，借助类比数的减法来定义向量的减法，通过画图表示两个向量加法、减法的结果，依据向量加法的定义，并借助其几何意义探讨向量加法的运算规则。

（2）通过具体的一类共线向量的加法，类比数的乘法引出向量数乘的运算法则，借助有向线段表示向量数乘的几何意义。理解数乘向量的结果是与原向量共线的向量；反之，与一个非零向量共线的向量可以写成一个实数与这个非零向量的积，并且这个实数是唯一的。

（3）像了解实数的运算律一样，通过具体实例了解向量线性运算的运算律，理解向量线性运算的一些运算性质，体会其几何意义。

6.2.3 教学重难点

重点：向量的加、减运算和数乘运算以及它们的运算规则和几何意义。

难点：

（1）对向量加法概念形成过程的理解，对向量加运算规则和向量减法定义的理解，特别是对向量减法定义的理解。

（2）对共线向量与向量数乘运算关系的理解。

（3）将实际问题转化为向量问题。

6.2.4 教学问题诊断分析

学生已经学习了数、式、集合、函数等运算，也初步了解到运算是代数研究的重要内容，积累了一些认识某个运算体系和借助运算解决问题的经验。另外，学生已具备了一定的观察问题、分析问题的学习能力，以及能从简单的物理背景及生活背景中抽象出数学概念的能力，这些都是学生学习本节的基础。

向量与学生在物理中学习的矢量非常类似，物理中许多有关矢量的合成、分解、力做的功等实例可以作为向量有关运算的模型，但这个从物理背景引出向量运算的过程对学生来说仍然存在困难。特别是向量既有大小，也有方向，在向量的线性运算中，学生没有对于方向如何参与运算的直接经验。另外，向量的运算性质的探究过程类比实数的运算性质。类比实数的运算，学生能够想到向量的线性运算可能会有一些类似的运算性质，虽然名称相同，但运算的原理、方法、运算规律都有较大的区别，学生很容易带着实数运算的思维定式来理解平面向量运算，导致学生对向量的运算偏于形式化记忆，对于平面向量的线性运算概念、算理的理解不深刻。再有，向量的加法的定义是用作图语言来刻画的，学生第一次接触直接通过作图来定义向量运算的这种处理方法，在理解上会有一定的困难。

向量的每一种运算都具有两重性，既表现为过程操作，又表现为一种对象、结构，这对学生理解向量的运算会造成一定的困难。平面向量的加法具有丰富的物理背景，平面向量的线性运算蕴含着特定的几何意义，学生已有的物理学习、几何学习经验的差异性也会直接影响他们对向量线性运算的学习。

教学中，教师应借助位移的合成、力的合成这些物理模型来定义平面向量的加法；与数的运算类比，讨论平面向量的减法和向量数乘运算，并使学生了解向量运算具有丰富的物理背景和几何意义，这些是突破向量运算难点的支撑条件。

6.3 平面向量基本定理及坐标表示

6.3.1 教学内容及内容解析

1. 内容

平面向量基本定理，平面向量的正交分解与坐标表示，平面向量的加法、减法、数乘和数量积运算的坐标表示。

本节的知识结构如下：

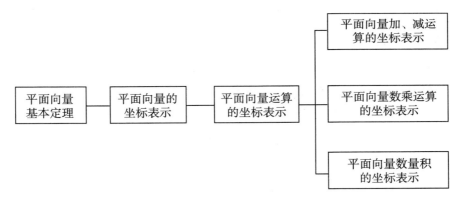

2. 内容解析

平面向量基本定理表明，任何一个平面向量 a 都可以唯一地表示成两个不平行向量的线性组合，当两向量垂直时，则为正交分解，进而可以借助直角坐标系，用坐标表示向量 a。

对平面向量的基础性、结构性的认识：给定一个点 A 以及两个不平行的向量，则可以刻画平面上任意的点 P，通过向量的运算，平面上的点 P 就可以成为"可操纵"的对象。这是用"数"的运算处理"形"的问题，体现了数形结合的思想方法。

根据平面向量基本定理用向量表示几何问题，结合向量运算将向量问题翻译成几何问题，这是用"向量法"解决问题的一般步骤与方法。

平面向量基本定理的概念和应用是研究向量正交分解和向量坐标运算的基础，向量的几何表示与运算是向量的坐标表示与运算的平行概念，而向量的概念、表示与运算则是平面向量基本定理的上位概念。

以向量的线性运算为基础，学习平面向量基本定理，进而学习向量的坐标表示与运算，让学生感悟平面向量是体现"形"与"数"融合的重要载体，感受向量方法的力量。

6.3.2 教学目标和目标解析

1. 目标

（1）理解平面向量基本定理及其几何意义。

（2）掌握平面向量的正交分解及坐标表示。

（3）掌握平面向量的加、减运算与数乘运算的坐标表示。

（4）掌握平面向量的数量积的坐标表示。

2. 目标解析

（1）类比力的合成与分解，将任意一个平面向量唯一地表示成两个不平行向量的线性组合，进而理解平面向量基本定理及其意义。

（2）借助平面直角坐标系，理解平面向量的正交分解及坐标表示。

（3）理解用坐标表示的平面向量的加、减运算与数乘运算的运算法则，并能熟练进行运算。

（4）理解坐标表示的平面向量的数量积的运算法则，并能熟练进行运算。

（5）用坐标表示两个平面向量的夹角，用坐标表示平面向量共线、垂直的条件。

6.3.3 教学重难点

重点：平面向量的基本定理，平面向量运算的坐标表示。

难点：平面向量的基本定理，用平面向量基本定理解决有关问题。

6.3.4 教学问题诊断分析

学生学习了向量的概念以及向量的运算，但在学习平面向量基本定理时仍然会遇到很大的困难，主要体现在以下三个方面：

其一，位于同一直线上的向量可以由位于这条直线上的一个非零向量表示。类似地，平面内任一向量是否可以由同一平面内的两个不共线向量表示呢？这个问题是学习困难之一：首先，提出这个问题就不容易；其次，从一维数轴到二维坐标平面是思维的一个跨越。解决这个问题，可以借助物理中力的分解与合成。

其二，任何一个向量都可以唯一地表示，这涉及对"存在性和唯一性"的认识，对思维要求较高。解决这个问题可以从两方面入手：一是借助信息技术——动态表，二是需要对唯一性给出严谨的证明。

其三，用向量方法解决几何问题时，先要用基底表示其他相关向量，进而通过向量运算规则解决问题，这是一个全新的方法，需多加练习，做到熟能生巧。

6.4 平面向量的应用

6.4.1 教材内容与内容解析

1. 内容

平面几何中的向量方法、向量在物理中的应用举例、余弦定理和正弦定理及其应用举例。

本节的知识结构如下：

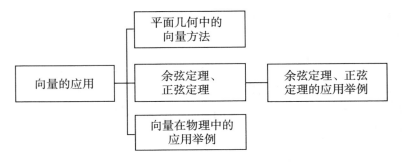

2. 内容解析

本节是在学生已经学习了平面向量的概念和运算规则的基础上，应用平面向量解决问题。本节体现了向量的工具性，即运用向量方法解决平面几何、物理中的问题。

通过本节内容的学习，使学生意识到向量与实际生活是紧密相连的，有极其丰富的实际背景，有着广泛的实际应用，有助于激发学生的学习兴趣，调动学生学习的积极性，使他们真正认识到数学的应用价值，从而提高学生应用数学的意识。因此，本节具有很高的教学价值，它对更新和完善知识结构具有重要的意义。

本节强调了向量的工具特性，要让学生用向量语言和方法表述、解决平面几何和物理中的一些问题，发展运算能力和解决实际问题的能力。其中，特别强调了用向量解决几何问题的基本思想——"三部曲"，从而较好地体现了数形结合思想。

6.4.2　教学目标及目标解析

1. 目标

（1）掌握向量在平面几何中的初步运用，会用向量方法解决平面几何问题。

（2）运用向量的方法分析和解决物理中的相关问题。

2. 目标解析

（1）用向量方法解决简单的平面几何问题，掌握向量方法解决几何问题的"三部曲"；深刻理解向量在处理平面几何问题中的优越性。

（2）用向量方法解决物理中的问题，体会向量是一种处理物理问题的工具，了解向量在解决物理问题中的工具性的特点。

6.4.3　教学重难点

重点：掌握平面几何中的向量方法，向量在物理中的应用举例。

难点：将平面几何问题转化为向量问题；将物理中有关矢量的问题转化为数学中的向量问题，并用向量方法解决。

6.4.4　教学问题诊断分析

本节要利用学生的生活经验、其他学科的相关知识，创设丰富的情境，从而引导学生认识到向量是描述现实问题或数学问题的一种数学模型。同时本节通过让学生解决一些实际问题或几何问题，使学生学会用向量这一数学模型处理问题的基本方法。这一要求会让一些生活经验匮乏或物理学科知识不足的学生感到困难。

向量运算有两个方面：代数表示与几何意义。由于它们在新知识的学习过程中相对孤立，学生对它们的认识也就不容易形成体系，所以在前面课时中教师应有意识地做一些渗透和铺垫，在本节应强调它们的区别与联系，以便学生更加全面、深刻地认识向量。向量显著的优势表现为：利用向量知识解决几何问题可以避开烦琐复杂的定性分析，把抽象的理论证明转化为向量代数运算，实现从定性到定量的转化。学生逻辑推理能力的不足可能造成把几何问题转化为向量问题的困难。

在教学中应揭示知识背景，强化学生的参与意识，借助多媒体手段加强学生对向量工具性的理解。这些都是突破向量应用难点的支撑条件。

第七章

复 数

【课时安排】

内容	课时	具体安排
7.1 复数的概念	2	数系的扩充与复数的概念第 1 课时，复数的几何意义第 2 课时
7.2 复数的四则运算	2	复数的加、减运算及其几何意义第 1 课时，复数的乘除运算第 2 课时
7.3 复数的三角表示	2	复数的三角表示第 1 课时，复数乘、除运算的三角表示及其几何意义第 2 课时
7.4 小结	2	复习课第 1 课时，复习课第 2 课时
合计	8	

【本章知识结构框图】

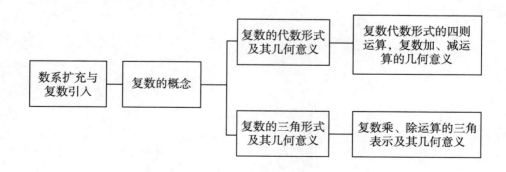

7.1 复数的概念

7.1.1 教学内容及内容解析

1. 内容

本节的知识结构如下：

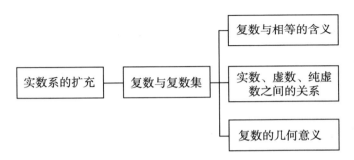

本节内容为复数的扩充过程，复数的相关概念，复数的代数形式及其几何意义。本节共 2 课时。

2. 内容解析

本节从"实系数一元二次方程 $ax^2 + bx + c = 0$，当 $\Delta = b^2 - 4ac < 0$ 时，它在实数集范围内没有实数根"出发，引出数系的扩充，类比从有理数集扩充到实数集的过程。通过引入"新"数将实数集进行扩充是本节的难点。同时复数的向量表示具有一定的综合性，教师应该引导学生理解复数本质上是与有序实数一一对应的，从而得到复数的一种几何表示方法：复数与平面上的点一一对应，进而得到复数的向量表示。

7.1.2 教学目标及目标解析

1. 目标

（1）类比从有理数集扩充到实数集的过程，通过引入"新"数将实数集进行扩充，由特殊到一般、由具体到抽象，理解数系的扩充。

（2）引入复数之后，结合课本（《数学　必修　第二册　A版》）第68页思考问题引导学生理解复数的概念，准确找出复数的实部、虚部，理解虚数和纯虚数的概念。

（3）结合课本第69页例1理解复数与实数之间的关系。

（4）结合课本第70页的思考问题引导学生理解复数本质上是与有序实数对一一对应的，从而得到复数的几何表示方法：复数与平面上的点一一对应。

（5）在得到复数与平面上的点一一对应的基础上，结合课本第71页思考问题进一步引导学生理解复数与向量直接的关系，进而得到复数的向量表示，突破本节的难点。

（6）结合课本第72页例3让学生学会利用图形表示复数，进一步理解复数的几何意义。

2. 目标解析

（1）结合课本第68页中的思考问题，理解课本第69页复数的概念，解答与课本第69页的例1、第70页的练习类似的问题。

（2）结合课本第71页中的思考问题，理解课本第71页复数的几何意义，解答与课本第71页的例2、第72页的例3、第73页的练习类似的问题。

（3）通过复数概念及其几何意义的学习，了解由特殊到一般、由具体到抽象的处理问题的路径，提升数学抽象素养、数学运算素养。

3. 素养目标

内容方面		行为方面		核心素养		
		1	2	1	2	3
内容方面	1. 类比推理	类比从有理数集扩充到实数集的过程，通过引入"新"数将实数集进行扩充	由特殊到一般、由具体到抽象，让学生理解数系的扩充	数学抽象	逻辑推理	

		行为方面		核心素养		
		1	2	1	2	3
内容方面	2. 概念形成（一）	结合课本第68页思考问题引导学生理解复数的概念，准确找出复数的实部、虚部，理解虚数和纯虚数的概念	让学生对相关子概念进行准确描述	数学抽象	逻辑推理	
	3. 概念剖析（一）	结合课本第69页例1让学生理解复数与实数之间的关系	通过实例具体分析，引导学生理解复数的相关概念	逻辑推理	数系运算	
	4. 概念形成（二）	结合课本第70页思考问题引导学生理解复数本质上是与有序实数对一一对应的，从而得到复数的几何表示方法：复数与平面上的点一一对应	由特殊到一般、由具体到抽象，让学生理解复数的几何意义	逻辑推理	数学运算	
	5. 概念剖析（二）	在得到复数与平面上的点一一对应的基础上，结合课本第71页的思考问题进一步引导学生理解复数与向量直接的关系，进而	层层递进地引导学生理解复数的几何意义	逻辑推理	数学运算	

续 表

内容方面		行为方面		核心素养		
		1	2	1	2	3
	5. 概念剖析（二）	得到复数的向量表示结合课本第 72 页例 3 让学生学会利用图形表示复数,进一步理解复数的几何意义	结合实例引导学生理解用图形表示复数	逻辑推理	直观想象	数系运算
	6. 概念升华	通过复数概念及其几何意义的教学,让学生了解由特殊到一般、由具体到抽象的处理问题的路径	提升学生数学抽象素养、数学运算素养	数学抽象	数学运算	

7.1.3 教学重难点

重点：复数的概念、代数形式和几何意义。

难点：复数的扩充过程和向量表示。

7.1.4 教学问题诊断分析

对于复数相关概念的教学务必要突出由特殊到一般、由具体到抽象以及类比的思想与方法，在概念自然生成、内涵挖掘、总结应用、引申拓展等方面进行师生互动、生生互动，通过学生主动获取知识、小组合作学习、教师答疑解惑来完成教学，最终形成完整的知识体系。

7.2 复数的四则运算

7.2.1 教学内容及内容解析

1. 内容

本节的知识结构如下：

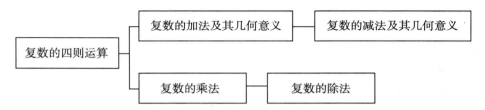

本节内容为复数的加法、乘法运算，从它们的逆运算角度给出复数的减法、除法的运算法则，并对复数加法、减法的几何意义进行讨论，提升学生的数学运算素养、直观想象素养。本节共 2 课时。

2. 内容解析

本节是在引入复数的概念后，启发学生类比实数的加法运算及其运算法则，通过观察、探究、归纳进而理解复数加法、乘法运算及其运算法则。教学中在此基础上进一步引导学生通过加法、乘法逆运算来理解复数的减法、除法运算和相应的运算法则。数学中可以引导学生回顾向量加法、加法的坐标运算和几何表示，由复数与向量一一对应关系来得到复数加法、减法的几何意义，提升学生的数学运算素养、直观想象素养。

7.2.2 教学目标及目标解析

1. 目标

（1）结合课本第 75 页中的思考问题，从实数的加法法则出发引导学生理解复数的加法运算及其运算法则，把复数 $a + bi$ 的实部和虚部 a, b 看作常数，i 看作"变元"，将复数 $a + bi$ 看作"一次二项式"，引导学生理解复数的加法与多项式相加类似,可以看成合并同类项。

(2)结合课本第75页"探究"栏目,引导学生回顾向量加法的坐标运算和几何表示,由复数与向量一一对应关系从而得到复数加法运算的几何意义。

(3)结合课本第76页思考问题,类比实数的减法——规定复数的减法是加法的逆运算,得到复数的减法运算及其运算法则,根据复数加法运算与多项式加法类似,引导学生理解复数的加法运算与多项式减法类似。

(4)结合课本第76页"探究"栏目,引导学生回顾向量减法的坐标运算和几何表示,由复数与向量一一对应关系从而得到复数减法运算的几何意义。

(5)结合课本第77页思考问题,从实数的乘法法则出发引导学生理解复数的乘法运算及其运算法则,把复数 $a+bi$ 的实部和虚部 a,b 看作常数,i 看作"变元",复数 $a+bi$ 看作"一次二项式",引导学生理解复数的乘法与多项式相加类似。

(6)结合课本第78页"探究"栏目,类比实数的除法,规定——复数的除法是乘法的逆运算,得到复数的除法运算及其运算法则。

(7)结合本节的学习,让学生经历引进新的数后对新的代数对象进行研究的过程,引导学生独立思考、交流讨论,提升学生的数学运算素养、直观想象素养。

2. 目标解析

(1)结合课本第75页思考问题,证明复数加法运算法则,可以类比多项式加法运算进行复数的加法运算。

(2)理解复数加法运算的几何意义,并能用相应的图形表示。

(3)结合课本第76页"探究"栏目,理解复数的减法运算法则,可以类比多项式减法运算进行复数的减法运算,解答与课本第76页的例1、第77页练习第1题类似的问题。

(4)理解复数加法运算的几何意义,并能用相应的图形表示,解答与课本第77页的例2,练习第2、4题类似的问题。

(5)结合课本第75页思考问题,证明复数乘法运算法则,可以类比多项式乘法运算进行复数的乘法运算,解答与课本第78页例3、例4类似的问题。

(6)结合课本第78页"探究"栏目,理解复数的除法运算,理解复数除法运算本质是分母实数化的过程,解答与课本第79页例5,第80页练习第3

题类似的问题。

（7）在复数的范围内解简单的方程，解答与课本第 79 页的例 6 类似的问题。

（8）通过本节的学习，经历引进新的数后对新的代数对象进行研究的过程，独立思考、交流讨论，提升数学运算素养、直观想象素养。

3. 素养目标

<table>
<tr><td rowspan="2"></td><td rowspan="2"></td><td colspan="2">行为方面</td><td colspan="3">核心素养</td></tr>
<tr><td>1</td><td>2</td><td>1</td><td>2</td><td>3</td></tr>
<tr><td rowspan="3">内容方面</td><td>1. 概念形成（一）</td><td>从实数的加法法则出发，引导学生理解复数的加法运算及其运算法则</td><td>从熟悉的对象出发，引导学生观察、分析、抽象、概括出复数的加法运算及其运算法则</td><td>逻辑推理</td><td>数学抽象</td><td></td></tr>
<tr><td rowspan="2">2. 概念剖析（一）</td><td>把复数 $a+bi$ 的实部和虚部 a, b 看作常数，i 看作"变元"，复数 $a+bi$ 看作"一次二项式"，引导学生理解复数的加法与多项式相加类似，可以看作合并同类项</td><td>让学生对相关子概念进行准确描述</td><td>数学抽象</td><td>逻辑推理</td><td></td></tr>
<tr><td>结合课本第 75 页"探究"栏目，引导学生回顾向量加法的坐标运算和几何表示，由复数与向量一一对应关系得到复数加法运算的几何意义</td><td>通过创设情境引导学生理解复数加法的几何意义</td><td>数学抽象</td><td>直观想象</td><td></td></tr>
</table>

续 表

		行为方面		核心素养		
		1	2	1	2	3
内容方面	3. 概念形成（二）	结合课本第76页思考问题，类比实数的减法——规定复数的减法是加法的逆运算，得到复数的减法运算及其运算法则	引导学生从熟悉的对象出发，观察、分析、抽象、概括出复数的减法运算及其运算法则	数学抽象	逻辑推理	数学运算
	4. 概念剖析（二）	根据复数加法运算与多项式加法类似，引导学生理解复数的加法运算与多项式减法类似	让学生对相关子概念进行准确描述	逻辑推理	数学运算	数学抽象
		结合课本第76页"探究"栏目，引导学生回顾向量减法的坐标运算和几何表示，由复数与向量——对应关系从而得到复数减法运算的几何意义	通过创设情境引导学生理解复数减法的几何意义	数学抽象	直观想象	
	5. 概念形成（三）	结合课本第77页思考问题，从实数的乘法法则出发引导学生理解复数的乘法运算及其运算法则	引导学生从熟悉的对象出发，观察、分析、抽象、概括出复数的乘法运算及其运算法则	逻辑推理	数学运算	数学抽象

		行为方面		核心素养		
		1	2	1	2	3
内容方面	6. 概念剖析（三）	把复数 $a+bi$ 的实部和虚部 a，b 看作常数，i 看作"变元"，复数 $a+bi$ 看作"一次二项式"，引导学生理解复数的乘法与多项式相加类似	让学生对相关子概念进行准确描述	逻辑推理	数学运算	数学抽象
	7. 概念形成（四）	结合课本第78页"探究"栏目，类比实数的除法规定——复数的除法是乘法的逆运算，得到复数的除法运算及其运算法则	引导学生从熟悉的对象出发，观察、分析、抽象、概括出复数的除法运算及其运算法则	逻辑推理	数学抽象	数学运算
	8. 概念升华	让学生经历引进新的数后对新的代数对象进行研究的过程	引导学生独立思考、交流讨论	直观想象	数学运算	

7.2.3　教学重难点

重点：复数代数形式的加、减、乘、除的运算法则及其运算律，复数加法、减法运算的几何意义。

难点：复数的减法、除法运算法则。

7.2.4 教学问题诊断分析

本节在引入复数的概念后，启发学生类比实数的加法、乘法运算及其运算法则，通过观察、探究、归纳进而理解复数加法、乘法运算及其运算法则；在此基础上进一步引导学生通过加法、乘法逆运算来理解复数的减法、除法运算和相应的运算法则。教师可以引导学生回顾向量加法、加法的坐标运算和几何表示，由复数与向量一一对应关系来得到复数加法、减法的几何意义，提升学生的数学运算素养、直观想象素养。在概念自然生成、内涵挖掘、总结应用、引申拓展等方面进行师生互动、生生互动，通过学生主动获取知识、小组合作学习、教师答疑解惑来完成教学，最终形成完整的知识体系。

7.3 复数的三角表示

7.3.1 教学内容及内容解析

1. 内容

本节的知识结构如下：

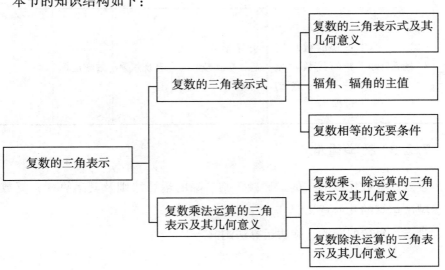

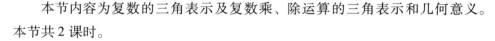

本节内容为复数的三角表示及复数乘、除运算的三角表示和几何意义。本节共 2 课时。

2. 内容解析

复数的三角表示是复数的一种重要表示形式，它联通了复数与平面向量、三角函数等数学分支，可以帮助我们进一步认识复数，也为解决平面向量、三角函数和一些平面几何问题提供了一种重要途径。

7.3.2 教学目标及目标解析

1. 目标

（1）结合课本第 83 页"探究"和"思考"栏目，在学生已有知识的基础上，借助复数的几何意义，引导学生利用平面向量的大小和方向来表示复数，最终得到复数的三角表示式。

（2）结合实例，让学生对复数三角表示式的大小 r 和辐角 θ 有进一步理解，明确 r 本质就是复数的模，辐角具有多值性，习惯规定范围为 $[0, \pi]$。

（3）结合实例引导学生学会复数代数形式和三角形式的互化。

（4）结合课本第 86 页思考问题和第 87 页"探究"栏目，根据复数的乘法运算法则，引导学生理解复数乘法运算的三角表示及其几何意义。

（5）结合课本第 88 页两个"探究"栏目，类比复数乘法运算的三角表示，得到复数除法运算的三角表示及其几何意义。

（6）通过本节的学习，引导学生独立思考、交流讨论，多利用图形的直观性，提升学生的直观想象素养、逻辑推理素养和数学运算素养。

2. 目标解析

（1）结合课本第 83 页"探究"和"思考"栏目，借助复数的几何意义得到复数的三角表示式，解答与课本第 84 页例 1、第 85 页例 2 类似的问题。

（2）进行复数代数式和三角式的互化。

（3）结合课本第 86 页思考问题和第 87 页探究栏目，理解复数乘法运算的三角表示及其几何意义，解答与课本例 3、例 4 类似的问题。

（4）结合课本第 88 页两个"探究"栏目，理解复数除法运算的三角表示及其几何意义，解答与课本例 5 类似的问题。

（5）通过本节的学习，引导学生独立思考、交流讨论，多利用图形的直观性，提升学生的直观想象素养、逻辑推理素养和数学运算素养。

3. 素养目标

		行为方面		核心素养		
		1	2	1	2	3
内容方面	1. 概念形成（一）	结合课本第83页"探究"和"思考"栏目，在学生已有知识的基础上，借助复数的几何意义，引导学生利用平面向量的大小和方向来表示复数，最终得到复数的三角表示式	引导学生从已有的基础出发，观察、分析、抽象、概括出复数的三角表示式	逻辑推理	数学抽象	数学运算
	2. 概念剖析（一）	结合实例让学生对复数三角表示式的大小 r 和辐角有进一步理解	让学生对相关子概念进行准确描述	数学抽象	逻辑推理	
		结合实例引导学生学会复数代数形式和三角形式的互化	结合实例引导学生理解集合的并运算	逻辑推理	数学运算	
	4. 概念形成（二）	结合课本第86页思考问题和第87页"探究"栏目，根据复数的乘法运算法则，引导学生理解复数乘法运算的三角表示及其几何意义	结合实例让学生理解复数乘法运算的三角表示及其几何意义	逻辑推理	数学抽象	数学运算

续 表

方面		行为方面		核心素养		
		1	2	1	2	3
内容方面	4. 概念形成（三）	结合课本第88页两个"探究"栏目，类比复数乘法运算的三角表示，得到复数除法运算的三角表示及其几何意义	结合实例让学生理解复数除法运算的三角表示及其几何意义	逻辑推理	数学抽象	数学运算
	5. 概念升华	通过本节的学习，引导学生独立思考、交流讨论，多利用图形的直观性	提升学生的直观想象素养、逻辑推理素养和数学运算素养	逻辑推理	数学运算	直观想象

7.3.3 教学重难点

重点：复数的三角表示和复数乘、除运算的三角表示及其几何意义。

难点：复数的三角表示。

7.3.4 教学问题诊断分析

本节教学内容是复数的三角表示和复数乘、除运算的三角表示及其几何意义。复数的三角表示是复数的一种重要表示形式，它联通了复数与平面向量、三角函数等数学分支，可以帮助我们进一步认识复数，也为解决平面向量、三角函数和一些平面几何问题提供了一种重要途径。学生需要加深对复数的三角表示的理解，在概念自然生成、内涵挖掘、总结应用、引申拓展等方面进行师生互动、生生互动，通过学生主动获取知识、小组合作学习、教师答疑解惑来完成教学，最终形成完整的知识体系。

教学支持条件方面，可以利用图形计算器等辅助工具。

7.4 小 结

数系的扩充和复数的概念如下。

复数：集合 $C = \{a + bi \mid a,b \in \mathbf{R}\}$ 中的数，即形如 $a + bi(a,b \in \mathbf{R})$ 的数叫作复数，其中 i 叫作虚数单位，它满足$i^2 = -1$。全体复数所形成的集合 C 叫作复数集。

（1）复数的表示：通常用字母 z 表示，即 $z = a + bi(a,b \in \mathbf{R})$。这一表现形式叫作复数的代数形式。其中，$a,b$ 分别叫作复数 z 的实部、虚部。

［复数的三角形式 $z = r(\cos\theta + i\sin\theta)$，复数的指数形式 $z = r e^{i\theta}$，欧拉公式 $e^{i\pi} + 1 = 0$。］

（2）复数相等的充要条件：① $a + bi = c + di \Leftrightarrow a = c$ 且 $b = d$（$a,b,c,d \in \mathbf{R}$）。② $a + bi = 0 \Leftrightarrow a = 0$ 且 $b = 0$（$a,b \in \mathbf{R}$）。

③ $a + bi > c + di \Leftrightarrow b = d = 0$ 且 $a > c$（$a,b,c,d \in \mathbf{R}$）。（只有实数才能比较大小）

（3）复数 $z = a + bi$ 的分类：当 $b = 0$ 时，z 是实数；当 $b \neq 0$ 时，z 是虚数。当 $a = 0$ 时，z 是纯虚数。复数集、虚数实数集、纯虚数集的关系如下：

（4）复数的几何意义：用直角坐标系来表示复数的平面叫作复平面，x 轴叫作实轴，y 轴叫作虚轴；实轴上的点都表示实数；除了原点外，虚轴上的点都表示虚数。$z = a + bi(a, b \in \mathbf{R}) \xleftrightarrow{\text{一一对应}} Z(a, b) \xleftrightarrow{\text{一一对应}} \overrightarrow{OZ} = (a, b)$。

规定：相等的向量表示同一个复数。

（5）复数 $z = a + bi(a, b \in \mathbf{R})$ 的模或绝对值：向量 $\overrightarrow{OZ}$ 的长度叫作 $z = a + bi$ 的模 r，记作 $|z|$ 或 $|a + bi|$，$|z| = |a + bi| = \sqrt{a^2 + b^2}$。

复数代数形式的四则运算（$a, b, c, d \in \mathbf{R}$）：与实数的运算类似，最后的结果应以复数的代数形式呈现。

（1）复数的四则运算法则（规定）：掌握复数运算与口算的规律。

① $(a + bi) + (c + di) = (a + c) + (b + d)i$，满足交换律、结合律。

② $(a + bi) - (c + di) = (a - c) + (b - d)i$，加法的逆运算。

③ $(a + bi)(c + di) = (ac - bd) + (bc + ad)i$，满足交换律、结合律、分配律。

④ $(a + bi) \div (c + di) = \dfrac{a + bi}{c + di} = \dfrac{(a + bi)(c - di)}{(c + di)(c - di)} = \dfrac{ac + bd}{c^2 + d^2} + \dfrac{bc - ad}{c^2 + d^2}i$。

分母实数化：分子、分母同乘分母的共轭复数。

（2）加、减法的几何意义：向量加、减法的平行四边形法则，$\overrightarrow{OZ} = (a + c, b + d)$，$\overrightarrow{Z_2 Z_1} = (a - c, b - d)$。

① $|z_1 - z_2|$ 的几何意义是复平面上 $Z_1(a, b)$，$Z_2(c, d)$ 两点间的距离，即 $|z_1 - z_2| = |\overrightarrow{Z_2 Z_1}|$。

② 复平面上的两点间的距离公式：$d = |z_2 - z_1| = \sqrt{(a - c)^2 + (b - d)^2}$。

③ 当 $|z - z_0| = r$ 时，表示复数 z 对应点的轨迹是以 z_0 表示的点为圆心，半径为 r 的圆；单位圆 $|z| = 1$。

④ 当 $|z - z_1| = |z - z_2|$ 时，表示复数 z 对应点的轨迹是以 z_1, z_2 所表示的点为端点的线段的垂直平分线。

（3）当两个复数的实部相同，虚部互为相反数时，这两个复数互为共轭复数，复数 z 的共轭复数记作 $\bar{z}$。

虚部不等于 0 的两个共轭复数也叫作共轭虚数，复数 $z = a + bi$（$a, b \in \mathbf{R}$）的共轭复数是 $\bar{z} = a - bi$。

共轭复数在复平面内所对应的点关于 x 轴对称，因此，$z = \bar{z} \Leftrightarrow z \in \mathbf{R}$，$|z| = |\bar{z}|$，$z \cdot \bar{z} = |z|^2 = |\bar{z}|^2 = a^2 + b^2$。

（4）复数范围内因式分解公式：$a^2 + b^2 = (a + bi)(a - bi)$，（$a, b \in \mathbf{R}$）。

第八章

立体几何初步

【课时安排】

内容	课时	具体安排
8.1 基本立体图形	2	多面体、旋转体的概念第 1 课时，棱柱、棱锥和棱台的结构特征第 2 课时
8.2 立体图形的直观图	2	平面图形的直观图第 1 课时，空间图形的直观图第 2 课时
8.3 简单几何体的表面积与体积	2	棱柱、棱锥、棱台的表面积和体积第 1 课时，圆柱、圆锥、圆台、球的表面积和体积第 2 课时
8.4 空间点、直线、平面之间的位置关系	2	平面的三个基本事实及其推论第 1 课时，空间点、直线、平面之间的位置关系第 2 课时
8.5 空间直线、平面的平行	3	直线与直线的平行第 1 课时，直线与平面的平行第 2 课时，平面与平面的平行第 3 课时
8.6 空间直线、平面的垂直	5	直线与直线的垂直第 1 课时，直线与平面垂直的判定和线面角第 2 课时，直线与平面垂直的性质第 3 课时，平面与平面垂直的判定与二面角第 4 课时，平面与平面垂直的性质第 5 课时
合计	16	

【本章知识结构框图】

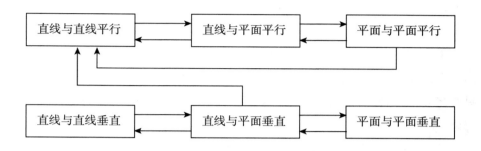

8.1　基本立体图形

8.1.1　教学内容及内容解析

1. 内容

本节的知识结构如下：

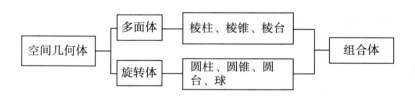

　　本节共 2 课时：第 1 课时内容是多面体、旋转体的概念，第 2 课时内容是棱柱、棱锥和棱台的结构特征。

2. 内容解析

　　空间几何体是立体几何的主要研究对象，对于各种各样的物体，只关注其形状、大小和位置关系就能抽象得到空间几何体。从空间几何体的组成元素（各个面的形状）和元素之间的关系（面与面之间的关系）出发，又可以得到多面体和旋转体。多面体是由若干个平面多边形围成的，旋转体是由封闭的旋转面围成的。

棱柱、棱锥和棱台是基本的多面体。棱柱和棱锥是依据围成它们表面的图形形状、位置关系定义的：棱柱有两个面互相平行，其余各面都是四边形，并且相邻两个四边形的公共边互相平行；棱锥有一个面是多边形，其余各面是有一个公共顶点的三角形。棱台是由棱锥定义的，它是用平行于棱锥底面的平面截棱锥，得到的底面和截面之间的部分。从整体和联系的观点出发，分析棱柱、棱锥、棱台的结构特征的联系与区别可以发现，只要将其中一种几何体的上底面或顶点做适当变化就可以变为另外两种几何体。

几何体由空间物体抽象而来，从物体到几何体的抽象过程需要解决看什么、怎么看、怎么表示等问题。在几何体中，面、棱和顶点是基本元素，这些基本元素的形状、位置关系反映了几何体的结构特征。认识这些结构特征需要从实物和模型出发直观感知、操作确认、思辨论证，这是学习立体几何的基本方法。

8.1.2 教学目标及目标解析

1. 目标

（1）了解多面体和旋转体的结构特征，理解棱柱、棱锥和棱台的结构特征。

（2）经历从物体到几何体的抽象过程，体验研究几何体的方法，提升直观想象和数学抽象素养。

2. 目标解析

（1）学生借助实物模型或信息技术，通过观察、分析、比较、归纳，抽象出多面体和旋转体的组成要素及其位置关系，会利用其组成元素（面、顶点、旋转面、轴等）及其位置关系描述多面体和旋转体；会对它们进行分类与表示；能判断一个物体所表示的几何体是否为棱柱、棱锥、棱台；能从联系的角度认识棱柱、棱锥、棱台的联系与区别。

（2）学生结合章引言与本节的学习，说出立体几何的主要内容，以及直观感知、操作确认、思辨论证等立体几何的学习方法。在对多面体、旋转体的结构特征的抽象过程中，反复经历"实物→立体图形"的过程，能提升数学抽象和直观想象的素养。

3. 素养目标

		行为方面		核心素养		
		1	2	1	2	3
内容方面	1. 概念形成（一）	让学生观察实物，抽象、归纳出多面体和旋转体的概念	让学生对相关子概念进行准确描述	数学抽象	直观想象	
	2. 概念形成（二）	让学生观察实物，抽象、概括、提炼、归纳出棱柱的概念	让学生对相关子概念进行准确描述	数学抽象	直观想象	
	3. 概念形成（三）	让学生观察实物，抽象、概括、提炼、归纳出棱锥的概念	让学生对相关子概念进行准确描述	数学抽象	直观想象	
	4. 概念形成（四）	让学生观察实物，抽象、概括、提炼、归纳出棱台的概念	让学生对相关子概念进行准确描述	数学抽象	直观想象	
	5. 概念形成（五）	让学生观察实物，抽象、概括、提炼、归纳出圆柱的概念	让学生对相关子概念进行准确描述	数学抽象	直观想象	
	6. 概念形成（六）	让学生观察实物，抽象、概括、提炼、归纳出圆锥的概念	让学生对相关子概念进行准确描述	数学抽象	直观想象	
	7. 概念形成（七）	让学生观察实物，抽象、概括、提炼、归纳出圆台的概念	让学生对相关子概念进行准确描述	数学抽象	直观想象	

续 表

		行为方面		核心素养		
		1	2	1	2	3
内容方面	8. 概念形成（八）	让学生观察实物，抽象、概括、提炼、归纳出球的概念	让学生对相关子概念进行准确描述	数学抽象	直观想象	
	9. 概念升华	让学生观察、概括、提炼、归纳出组合体的概念		数学抽象	直观想象	

8.1.3 教学重难点

重点：多面体、旋转体以及基本几何体的结构特征。

难点：几何体结构特征的抽象概括。

8.1.4 教学问题诊断分析

本节所学习的各种几何体，学生大多在以前已经有所认识，但以往的认识往往停留在直观感知水平，只知道某种几何体是"这样的一个"，而不清楚是"怎样的一个"。要从结构特征的角度对它们进行描述，这就需要从几何体的形成方式及面、棱、顶点、母线等要素及其位置关系等角度去了解几何体的结构特征，从而说清楚各种几何体的概念。这是一个"确定研究对象"的过程，也是学习立体几何的出发点。

在本节的学习过程中，学生往往能借助初中所学知识，通过观察实物抽象出空间几何体，但要上升到用数学语言去描述它们的高度则比较困难。教学时可先让学生做一些柱体、锥体、台体的模型，通过观察他们自己所做的模型，再结合课本、信息技术展示的图片，讨论得出空间几何体的结构特征。另外，面对众多的几何体，找到合适的标准将其进行分类是学生学习时会遇到的另一个学习困难。这就需要教师逐步引导，让学生明确分类时要考虑物体的内部结构和外部特征，从而确定分类的标准。

教学支持条件分析：为了学生能更好地对几何体的整体与局部进行直观感知，抽象概括出多面体、旋转体的结构特征，本节需要使用几何教学实物模型和信息技术。教学模型有两种：一种是有面的，更接近于实物；另一种是仅由棱构成的框架，更接近于立体图形。信息技术则可以呈现丰富的实物图片、模型图片、几何图形，并呈现它们彼此转换的过程。

8.2 立体图形的直观图

8.2.1 教学内容及内容解析

1. 内容

本节的知识结构如下：

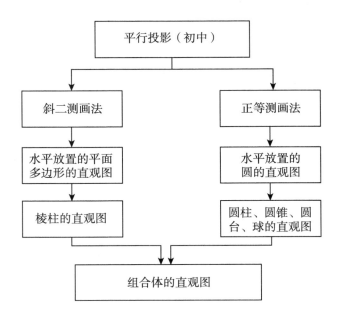

本节共 2 课时：第 1 课时内容是平面图形的直观图，第 2 课时内容是空间图形的直观图。

2. 内容解析

为了更深入地研究空间中的位置关系和几何图形，要学会画立体图形的直观图。直观图本质是用二维（平面）图形表达三维（立体）图形的。学会画直观图是后续学习的基础和铺垫。课本中选取了一种重要的画直观图的方法，即斜二测画法，该方法的依据是一种特定的平行投影：其投影结果使空间的纵向（前后）线段在平面（投影面）上倾斜45°且长度为原来的一半。用斜二测画法画出的立体图形的直观图也接近于人眼观察的结果，具有较好的立体感和真实感。直观图分为平面图形的直观图和立体图形的直观图两种。

8.2.2　教学目标及目标解析

1. 目标

（1）以投影的观点来理解立体图形的直观图。

（2）会用斜二测画法画平面图形的直观图。

（3）会用斜二测画法画立体图形的直观图。

2. 目标解析

从课本本节的引言出发，让学生理解直观图本质是用二维（平面）图形表达三维（立体）图形，结合课本第107页的"观察"栏目，引入基于平行投影的斜二测画法。

3. 素养目标

		行为方面		核心素养		
		1	2	1	2	3
内容方面	1. 实例抽象	让学生观察、概括、抽象出几何体的直观图是一种投影		数学抽象	直观想象	
	2. 方法介绍	提出用斜二测画法作几何体的直观图	给出斜二测画法的步骤	逻辑推理	直观想象	

		行为方面		核心素养		
		1	2	1	2	3
内容方面	3. 方法应用（一）	举例说明用斜二测画法作平面图形的直观图		逻辑推理	直观想象	
	4. 方法应用（二）	提出作圆的直观图，要用正等测画法，仅供了解		直观想象		
	5. 方法应用（三）	举例说明用斜二测画法作立体图形的直观图		逻辑推理	直观想象	
	6. 方法应用（四）	举例说明用斜二测画法作组合体的直观图		逻辑推理	直观想象	

8.2.3 教学重难点

重点：斜二测画法。

难点：养成规范画图的习惯和技能。

8.2.4 教学问题诊断分析

立体图形的直观图本质是用二维（平面）图形表达三维（立体）图形的问题。初中学习的投影是画立体图形直观图的基础。根据某种特殊的平行投影所画出的直观图既保持了空间图形的直观性，又能较好地反映空间图形的几何特征。斜二测画法的依据是一种特定的平行投影：其投影结果使空间的纵向（前后）线段在平面（投影面）上倾斜45°且长度为原来的一半。用斜二测画法画出的立体的直观图接近于人眼观察的结果，具有较好的立体感和真实感。在斜二测画法中，画出的两条轴起着重要作用。

153

在本节的教学中，除重视让学生理解立体图形直观图画法的原理和步骤外，让学生重视几何作图，掌握画图技能，注意画图的规范性，也是本单元教学的重要内容。在学生掌握了画图的基本步骤和规范的前提下，在后续的学习中，立体图形直观图的尺寸可以适当选取，斜二测画法的角度也可以自定，但要求图形有立体感，并能反映立体图形的结构特征。

8.3　简单几何体的表面积和体积

8.3.1　教学内容及内容解析

1. 内容

本节的知识结构如下：

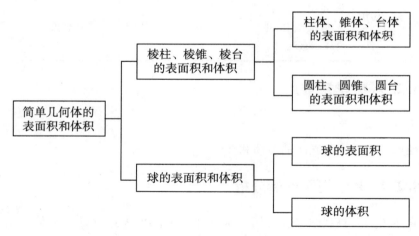

本节共 2 课时，第 1 课时内容是棱柱、棱锥、棱台的表面积和体积，第 2 课时内容是圆柱、圆锥、圆台、球的表面积和体积。

2. 内容解析

本节的主要内容是空间几何体的表面积和体积，从度量的角度认识简单几何体，主要任务有三个：一是结合基本立体图形的结构特征了解简单几何体的表面积和体积公式，能够使用公式计算简单几何体以及它们的组合体的表面积和体积；二是渗透转化、类比、一般化与特殊化等数学思想方法，并让学生尝试让学生使用这些数学思想方法进行数学学习；三是在球的体积公式的教学中渗透极限思想，使学生进一步体会极限思想以及利用极限方法解决问题的基本思路。

8.3.2 教学目标及目标解析

1. 目标

（1）理解几何体表面积和体积的含义。

（2）掌握棱柱、棱锥、棱台的表面积的求法和它们的体积公式。

（3）了解棱台的体积公式的推导方法，理解棱柱、棱锥、棱台的体积公式之间的关系。

（4）掌握圆柱、圆锥、圆台、球的表面积和体积公式，并理解它们之间的关系。

（5）掌握球体的体积公式的求法。

2. 目标解析

（1）理解表面积就是几何体表面的大小，体积就是几何体所占空间的大小。

（2）准确熟练地利用相关方法和公式求解棱柱、棱锥、棱台的表面积和体积。

（3）结合课本第115页的"思考"栏目，说明棱柱、棱锥、棱台体积公式之间的关系。

（4）准确熟练地利用公式求解圆柱、圆锥、圆台、球的表面积和体积。

（5）解答与课本第114页至119页中例1至例4类似的问题。

3. 素养目标

		行为方面		核心素养		
		1	2	1	2	3
内容方面	1. 概念形成（一）	根据多面体的含义给出多面体表面积的计算方法	举例说明	数学运算		

续　表

内容方面		行为方面		核心素养		
		1	2	1	2	3
	2. 概念形成（二）	给出棱柱、棱锥、棱台的体积公式	探究三个体积公式的关系	数学运算	直观想象	
	3. 概念形成（三）	通过观察圆柱、圆锥、圆台的侧面展开图给出它们的表面积公式	探究三个表面积公式的关系	数学运算	直观想象	
	4. 概念形成（四）	通过思考，类比多面体的体积公式，给出圆柱、圆锥、圆台的体积公式	探究三个体积公式的关系	数学运算	直观想象	
	5. 概念形成（五）	给出球的表面积公式		数学运算		
	6. 概念形成（六）	根据球的表面积公式推导球的体积公式	举例说明公式的应用	数学运算	直观想象	数学抽象

8.3.3　教学重难点

重点：柱体、锥体、台体、球的表面积公式和体积公式。

难点：球的体积公式的推导。

8.3.4　教学问题诊断分析

本节内容主要是讲基本几何体的表面积和体积的计算。由于学生小学阶段已经学习了正方体、长方体、圆柱体的表面积和体积以及圆锥体积的计算方法，因此课本充分利用学生已经掌握的知识，将新知识与原有的知识联系起来，让学生经历由特殊到一般的过程，使学生形成完整的简单几何体表面积和体积的知识结构，同时使学生了解一般化与特殊化的思想方法，提高其逻辑推理、直观想象等素养和空间想象等能力。

8.4 空间点、直线、平面之间的位置关系

8.4.1 教学内容及内容解析

1. 内容

本节的知识结构如下：

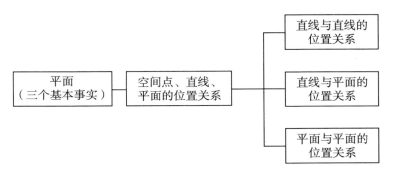

本节共 2 课时：第 1 课时内容是关于平面的三个基本事实及其推论，第 2 课时内容是空间点、直线、平面之间的位置关系。

2. 内容解析

立体几何定性研究的重点是直线、平面之间的位置关系。研究这些位置关系需要学生对点、直线、平面这些组成立体图形的基本元素有所理解。在立体几何的研究中，立体图形问题经常转化为平面图形问题，这是解决立体图形问题的重要思想方法，而转化的基本依据就是关于平面的基本事实及其推论。因此，本节内容是立体几何学习的重要基础。

与点、直线一样，平面是不加定义的几何概念，三个基本事实刻画了平面的"平"和"无限延展"的特征。基本事实 1 是"三点确定一个平面"，是平面的存在性；基本事实 2 和基本事实 3 是从直线与平面、平面与平面的关系的角度对平面的进一步刻画；基本事实的三个推论则进一步给出了确定

157

平面的方法。关于平面的基本事实和推论在后续研究直线与平面之间的平行、垂直关系时会经常用到。

点是空间的基本元素，直线、平面都是点的集合。因此，在图形语言和文字语言的基础上，用集合的符号表示几何对象及其之间的关系是自然的，并且书写简洁。立体几何中的概念、定理一般要用图形、文字、符号三种语言形式表示。

点、直线、平面的位置关系是后续学习的基础，其中点和直线、点和平面的位置关系比较容易理解，而由于直线是无限延伸的，平面是无限延展的，因此对直线和直线、直线与平面、平面与平面的位置关系的理解有点难度。它们的关系是根据公共点的个数来确定的，教学时除了利用实物或模型演示以外，教师还要鼓励学生展开想象。

8.4.2 教学目标及目标解析

1. 目标

（1）初步理解平面的概念、三个基本事实和推论，会用图形、文字、符号三种语言形式表述三个基本事实和推论。

（2）在探究三个基本事实的情境中，了解立体几何结论发现的过程，体验研究几何体的方法，提升直观想象和数学抽象素养。

（3）了解空间点、直线、平面之间的位置关系，能够用符号准确表示。

（4）在研究点、直线、平面之间位置关系的过程中，体会分析问题的条理性和全面性，锻炼空间想象能力，提升直观想象、逻辑推理等素养。

2. 目标解析

（1）用图形、文字、符号三种语言形式表述三个基本事实和推论的内容，利用三个基本事实说明平面"平""无限延展"的基本特征，利用三个基本事实和推论作图、证明简单问题。

（2）在探究三个基本事实的过程中，体验通过研究基本元素之间的位置关系来刻画基本元素特征的方法；体验从研究问题出发，通过直观感知、实验操作获得结论，再对结论进行推理和抽象的过程；发展直观想象和数学抽象的素养。

（3）从熟悉的实物和简单规则的几何图形开始观察，辨别归纳，梳理出

点、直线、平面之间的位置关系体系。

（4）准确理解点、直线、平面之间的位置关系，对于新出现的概念（如异面直线）清楚其含义。

（5）用图形、文字和符号三种语言来表达点线面的位置关系。

（6）解答与课本第 130 页例 1 类似的问题。

3. 素养目标

		行为方面		核心素养		
		1	2	1	2	3
内容方面	1. 概念形成（一）	让学生依据生活体验提出平面的概念，并进行直观上的理解	学生能够给出平面的表示方法	数学抽象	直观想象	
	2. 概念形成（二）	通过观察实物，让学生抽象、概括出平面的第一条性质，即基本事实 1	学生能够用符号语言来表述基本事实 1	数学抽象	直观想象	
	3. 概念形成（三）	让学生通过探究、抽象、概括出平面的第二条性质，即基本事实 2	学生能够用符号语言来表达基本事实 2	数学抽象	直观想象	
	4. 概念形成（四）	让学生通过观察实物，抽象、概括出平面的第三条性质，即基本事实 3	学生能够用符号语言来表述基本事实 3	数学抽象	直观想象	
	5. 概念形成（五）	让学生通过探究、抽象、概括出基本事实 1 的三条推论	学生能够用符号语言来表述基本事实 1 的三条推论	数学抽象	直观想象	

		行为方面		核心素养		
		1	2	1	2	3
内容方面	6. 概念形成（六）	让学生通过观察长方体，抽象、归纳出直线与直线的位置关系	让学生梳理、列举，并用符号语言来表述直线与直线的位置关系	数学抽象	直观想象	
	7. 概念形成（七）	让学生通过观察长方体，抽象、归纳出直线与平面的位置关系	让学生梳理、列举，并用符号语言来表述直线与平面的位置关系	数学抽象	直观想象	
	8. 概念形成（八）	让学生通过观察长方体，抽象、归纳出平面与平面的位置关系	让学生梳理、列举，并用符号语言来表述平面与平面的位置关系	数学抽象	直观想象	
	9. 巩固强化	让学生通过例题加深对以上基本事实和位置关系的认识		数学抽象	直观想象	逻辑推理

8.4.3　教学重难点

重点：平面基本性质（三个基本事实）及其推论，空间直线、平面的位置关系。

难点：对三个基本事实刻画平面基本性质的理解，对三种语言（图形语言、文字语言、符号语言）及其相互转化的掌握。

8.4.4　教学问题诊断分析

在平面的学习中，要用图形、文字、符号三种语言形式表述基本事实和推论。图形语言比较直观,文字语言也比较容易理解,用集合的符号语言表示几何元素之间的关系以及几何命题学生还不习惯。这种不习惯多数是因为学生对图形表达的几何元素之间的关系不理解。教学时要引导学生理解图形或文字语言所反映的几何关系的本质,逐步熟悉用符号语言进行表达。对于第1课时的一些结论(如三个推论)需要从存在性和唯一性的角度进行理解,这对于学生来讲比较陌生,也比较困难。教学时也要注意控制难度,不要采用证明形式,宜采用说理的形式进行说明,使学生循序渐进,逐步学会证明立体几何命题的方法。

在点、直线、平面的位置关系的学习中,由于学生对某些位置关系不太理解,所以需要借助长方体等模型或者信息技术辅助理解。直线、平面的位置关系往往是从公共点的个数上定义的,借助这一点就比较容易梳理相关知识。还有异面直线的判断需要学生加强观察,并总结结论帮助判断。

8.5 空间直线、平面的平行

8.5.1 教学内容及内容解析

1. 内容

本节的知识结构如下:

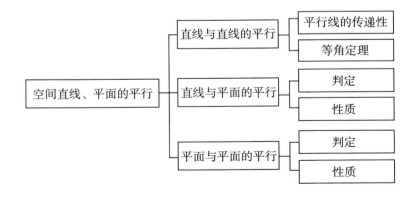

本节共 3 课时：第 1 课时是直线与直线的平行，第 2 课时是直线与平面的平行，第 3 课时是平面与平面的平行。

2. 内容解析

本节内容是按照直线与直线平行、直线与平面平行、平面与平面平行的研究过程展开的。直线与直线的平行，重点是平行线的传递性和等角定理；直线与平面、平面与平面的平行，重点是研究它们的判定和性质。判定和性质是几何图形及其位置关系的主要研究内容。判定是指构成图形或反映位置关系的几何元素具备什么条件才能成为这种几何图形或具有这种位置关系，是充分条件；性质是指构成几何图形或位置关系的元素具有什么特征，是必要条件。图形的性质和判定之间往往具有互逆的关系，这也可以成为我们发现和提出问题的一个起点。

直线与平面平行、平面与平面平行的判定定理的本质是由线线平行判定线面平行和由线面平行判定面面平行，体现了升维的过程；而直线与平面平行、平面与平面平行的判定定理的本质是由线面平行反推线线平行和由面面平行反推线线平行和线面平行，体现了降维的过程。

直线与平面平行、平面与平面平行的判定定理和性质定理的发现以及性质定理的证明过程，体现了直观感知、操作确认、思辨论证的立体几何研究的基本方法，有利于学生直观想象、数学抽象、逻辑推理素养的培养；直线与直线平行、直线与平面平行、平面与平面平行的研究过程是从有关基本元素（点、直线、平面）出发，考虑其位置关系，这体现了研究空间基本图形位置关系的基本思路和方法，也体现了立体几何研究中由简单到复杂、由易到难的研究思路。

8.5.2 教学目标及目标解析

1. 目标

（1）探究空间中直线与直线平行的传递性和性质。

（2）探究并理解直线与平面平行的判定定理。

（3）探究并证明直线与平面平行的性质定理。

（4）探究并理解平面与平面平行的判定定理。

（5）探究并证明平面与平面平行的性质定理。

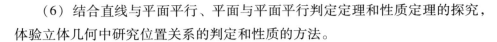

（6）结合直线与平面平行、平面与平面平行判定定理和性质定理的探究，体验立体几何中研究位置关系的判定和性质的方法。

2. 目标解析

（1）从课本第 133 页的"观察"栏目出发，让学生感悟直线与直线平行的传递性，并得出基本事实 4。

（2）从课本第 134 页的"思考"栏目出发，让学生发现等角定理，并能根据平面几何的知识对等角定理进行证明。

（3）在直线和平面平行定义的基础上，通过观察开关门和翻动纸板等实验，将直线与平面平行的判定转化为直线与直线平行，进而发现直线与平面平行的判定定理。

（4）将直线与平面的平行转化为直线与平面内的直线之间的平行，并借助基本事实用直线与平面内平行的直线确定一个平面，从而利用新平面在原平面内找出与原直线平行的直线，进而发现直线与平面平行的性质定理，并能理解这是一种新的作平行线的方法。

（5）在两个平面平行定义的基础上，将平面与平面平行的判定转化为直线与平面平行的判定，进而联系相交直线或平行直线可以确定一个平面，将一个平面内的"任意直线平行于另一个平面"转化为"两条相交或平行于直线平行于另一个平面"，并通过实验，发现平面与平面平行的判定定理。

（6）将平面与平面的平行转化为这两个平面内的直线之间的位置关系，并借助长方体模型，找到这两个平面内的直线处于平行这种特殊位置关系时的条件，进而发现平面与平面平行的性质定理，并能依据基本事实对性质定理进行证明。

（7）熟练地利用本节所讲的基本事实、定理解决证明、作图等问题。

（8）结合直线与平面、平面与平面平行的判定定理和性质定理的探究，体会什么是判定，什么是性质，了解、发现图形位置关系的判定和性质的目标：借助直线与直线、直线与平面、平面与平面的转化，利用其中的特殊位置关系发现相应的判定定理与性质定理；体会其中一般到特殊、复杂到简单的转化。

3. 素养目标

		行为方面		核心素养		
		1	2	1	2	3
内容方面	1. 概念形成（一）	让学生通过观察、直观想象、抽象，归纳出基本事实4，即平行线传递性	让学生观察、猜想并证明等角定理	数学抽象	直观想象	
	2. 概念形成（二）	让学生通过观察、直观想象、概括，归纳出直线与平面平行的判定定理	让学生结合例题对直线与平面平行的判定定理加深理解	数学抽象	直观想象	逻辑推理
	3. 概念形成（三）	让学生通过观察、直观想象、猜想，归纳出直线与平面平行的性质定理	让学生结合例题对直线与平面平行的性质定理加深理解	数学抽象	直观想象	逻辑推理
	4. 概念形成（四）	让学生通过观察、直观想象、概括，归纳出平面与平面平行的判定定理	让学生结合例题对平面与平面平行的判定定理加深理解	数学抽象	直观想象	逻辑推理
	5. 概念形成（五）	让学生通过观察、直观想象、猜想，归纳出平面与平面平行的性质定理	让学生结合例题对平面与平面平行的性质定理加深理解	数学抽象	直观想象	逻辑推理
	6. 概念升华	让学生归纳总结出线线平行、线面平行、面面平行的关系		数学抽象	直观想象	

8.5.3 教学重难点

重点：平行线的传递性和等角定理、直线与平面平行、平面与平面平行的判定定理和性质定理的探究及应用。

难点：直线与平面平行、平面与平面平行的判定定理和性质定理的探究过程。

8.5.4 教学问题诊断分析

课本在本节仍按"直观感知—操作确认—思辨论证"的认识过程展开。在基本事实4以及空间直线与平面、平面与平面平行的判定和性质定理的得出过程中，要注重对典型实例的观察和分析，给学生动手操作的机会，在学生经历观察、实验、猜想等合情推理的活动后让其概括出相关的判定和性质定理，再对性质定理进行演绎推理和逻辑论证。另外，课本通过观察、思考、探究等栏目向学生提出问题，以问题引导学生进行更加主动的思维活动，让学生经历从实际背景中抽象出数学模型，从现实生活空间中抽象出几何问题的过程，发展他们直观想象的素养。

在数学研究中，由复杂问题向简单问题转化，由难向易转化也是研究问题的一般思路。本节，我们利用直线与直线的平行研究直线与平面的平行，利用直线与平面的平行研究平面与平面的平行；反过来，由直线与平面平行又可以得到直线与直线平行，由平面与平面平行又可以得到直线与直线、直线与平面平行。在这些过程中，确定平面的元素和一些特殊位置往往是我们研究问题的出发点。

8.6 空间直线、平面的垂直

8.6.1 教学内容及内容解析

1. 内容

本节的知识结构如下：

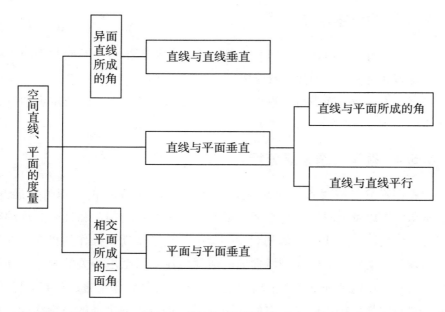

本节共 5 课时：第 1 课时是直线与直线的垂直，第 2 课时是直线与平面垂直的判定和线面角，第 3 课时是直线与平面垂直的性质，第 4 课时是平面与平面垂直的判定与二面角，第 5 课时是平面与平面垂直的性质。

2. 内容解析

本节内容按照直线与直线垂直、直线与平面垂直、平面与平面垂直的研究过程展开。直线与直线的垂直，首先要定义异面直线所成的角的概念，两条直线垂直包括共面垂直与异面垂直。直线与平面的垂直、平面与平面的垂直，主要研究它们的判定定理和性质定理。直线与平面垂直的判定定理是指一条直线与构成该平面的基本元素——直线，满足什么条件才能使该直线与该平面垂直，而平面与平面垂直的判定定理是指构成其中一个平面的直线与另一平面或这个平面内的直线具备什么条件才能使两个平面垂直，实际上就是在寻找平面与平面垂直的充分条件。性质定理是指直线与平面垂直、平面与平面垂直时，其基本构成元素具有怎样的确定不变的关系，实际上是必要条件。性质和判定之间具有互逆的关系，这也是我们研究问题的一个自然的起点。

本节内容的处理继续遵循"直观感知—操作确认—思辨论证"的认识过程展开，学生在经历对典型实例的观察、实验、猜想等合情推理的活动后，概括出直线与直线垂直、直线与平面垂直、平面与平面垂直的概念、判定和性质定理，再对性质定理进行逻辑论证，在学生经历观察、抽象、概括的过程中，培养他们的数学抽象、逻辑推理等素养。另外，课本通过观察、思考、探究等栏目向学生提出问题，以问题引导学生进行更加主动的思维活动，让学生经历从实际背景中抽象出数学模型，从现实生活空间中抽象出几何问题的过程，发展他们的直观想象素养。

"化繁为简""以简驭繁"是数学研究问题的一般思路。本节，我们利用直线与直线的垂直研究直线与平面的垂直，利用直线与直线垂直、直线与平面垂直研究平面与平面垂直；反过来，由直线与平面垂直又可以得到直线与直线垂直，由平面与平面垂直又可以得到直线与直线、直线与平面垂直。

8.6.2　教学目标及目标解析

1. 目标

（1）探究并理解异面直线的夹角和异面直线垂直的意义。

（2）理解直线与平面垂直的意义，理解点到平面的距离、直线与平面所成的角的概念。

（3）探索并理解直线与平面垂直的判定定理，能应用判定定理证明直线和平面垂直的简单问题，能求简单的直线与平面所成的角。

（4）探索并理解直线与平面垂直的性质定理，能综合应用直线与平面垂直的定义、判定和性质定理证明相关的几何问题，理解直线与平面的距离、平面与平面的距离的概念。

（5）理解二面角及其相关概念，理解平面与平面垂直的意义。

（6）探索并理解平面与平面垂直的判定定理，能应用判定定理证明平面和平面垂直的简单问题，能求简单的二面角。

（7）探索并理解平面与平面垂直的性质定理，能用性质定理解决相关的几何问题。

（8）在探索上述判定定理和性质定理的过程中发展合情推理能力，感悟和体验"空间问题转化为平面问题""面面垂直转化成线面垂直，线面垂直转化成线线垂直"，进一步感悟数学中以"以简驭繁"的转化思想。

2. 目标解析

（1）通过观察思考怎样刻画异面直线中一条直线相对于另一条直线的倾斜程度，联想相交直线成角，给出异面直线成角的概念，体验空间问题转化为平面问题的研究思路，并在此基础上定义异面直线的垂直。

（2）通过实例直观感知、操作确认，抽象、归纳出直线与平面垂直的定义；知道点到平面的距离、直线和平面所成的角的概念，会在具体情境中找出并表示出来。

（3）通过直观感知、操作确认，发现直线与平面垂直的判定定理，能在直线与平面垂直的情境中利用定义与判定定理证明直线与平面垂直，能结合直线与平面垂直的判定定理和直线与平面所成角的概念在具体情境中求直线和平面所成的角。

（4）通过实例直观感知、猜想归纳出直线与平面垂直的性质定理，并用反证法加以证明；知道直线到平面的距离、平行平面之间的距离的概念，会在具体情境中找出并表示。

（5）通过实例直观感知，抽象、归纳出二面角的概念，并在此基础上进行平面与平面垂直的定义，会求简单的二面角。

（6）通过直观感知、抽象、归纳，发现平面与平面垂直的判定定理，能在平面与平面垂直的情境中利用定义与判定定理证明平面与平面垂直。

（7）通过实例直观感知、猜想归纳出平面与平面垂直的性质定理，并能用直线与平面的判定定理加以证明。另外，进一步探究出两个平面垂直，过其中一个平面内一点作另一个平面的垂线，则该垂线一定在第一个平面内。

（8）认识到"直线、平面垂直的判定"与"直线、平面平行的判定"在知识结构、学习方法等方面的逻辑一致性，体会研究空间位置关系判定的一般思路和方法，认识到研究垂直关系和之前研究平行关系相似，判定定理一般是由低维的位置关系推出高维的位置关系，而性质定理则是由高维的位置关系反推低维的位置关系。

3. 素养目标

		行为方面		核心素养		
		1	2	1	2	3
内容方面	1. 概念形成（一）	让学生通过观察、直观想象、操作验证、猜想，归纳出异面直线的概念	让学生给出异面直线夹角的范围和异面直线垂直的定义并举例说明	数学抽象	直观想象	数学运算
	2. 概念形成（二）	让学生通过观察、直观想象，归纳出直线与平面垂直的概念	让学生知道点到平面的距离的概念	数学抽象	直观想象	
	3. 概念形成（三）	让学生通过观察、操作验证、抽象，归纳出直线与平面垂直的判定定理	让学生知道直线与平面的夹角的概念，并通过例题加强对该概念的理解	数学抽象	直观想象	逻辑推理
	4. 概念形成（四）	让学生通过观察、直观想象，归纳出直线与平面平行的性质定理	让学生知道直线与平面的距离、平行平面间的距离的概念	数学抽象	直观想象	
	5. 概念形成（五）	让学生通过观察、直观想象，归纳出二面角的概念	让学生知道平面与平面垂直的概念	数学抽象	直观想象	
	6. 概念形成（六）	让学生通过观察、抽象，归纳出平面与平面垂直的判定定理	让学生通过例题加深对平面与平面垂直的判定定理的理解	数学抽象	直观想象	逻辑推理

续　表

内容方面		行为方面		核心素养		
		1	2	1	2	3
	7. 概念形成（七）	让学生通过直观想象，归纳出平面与平面平行的性质定理	让学生通过例题加深对平面与平面平行的性质定理的理解	数学抽象	直观想象	逻辑推理
	8. 概念升华	让学生归纳总结出线线垂直、线面垂直、面面垂直的关系		数学抽象	直观想象	

8.6.3　教学重难点

重点：三个角度、三个距离、三个垂直关系等概念的含义，直线、平面垂直的判定和性质定理的发现、验证、含义和应用。

难点：各个定义的归纳和抽象，以及各个定理的发现与验证。

8.6.4　教学问题诊断分析

本节内容的学习既要继续加强从"一般观念"上的引导，让学生明确"什么是空间直线、平面的垂直"以及"空间直线、平面垂直时，其元素（直线、平面）有什么确定的不变关系"，又要充分类比对空间直线、平面平行关系的研究方式，引导学生研究空间直线、平面之间的垂直关系。研究的对象尽量由学生提出，研究的内容要学生确定，研究的方法要启发学生去寻找，由此培养学生数学抽象、直观想象、逻辑推理等素养。

虽然学生在生活中对直线、平面的垂直关系已有一定的认识，但是在研究概念和定理的过程中，对诸如把空间问题转化为平面问题等基本思路的意识和能力还不够，所以教师在这方面要加强引导学生。

第九章

统 计

【课时安排】

内容	课时	具体安排
9.1 随机抽样	4	简单随机抽样第 1 课时，简单随机抽样第 2 课时，分层随机抽样第 3 课时，获取数据的途径第 4 课时
9.2 用样本估计总体	4	总体取值规律的估计第 1 课时，总体百分位数的估计第 2 课时，总体集中趋势的估计第 3 课时，总体离散程度的估计第 4 课时
9.3 统计案例　公司员工的肥胖情况调查分析	2	统计案例第 1 课时，统计案例第 2 课时
合计	10	

【本章知识结构框图】

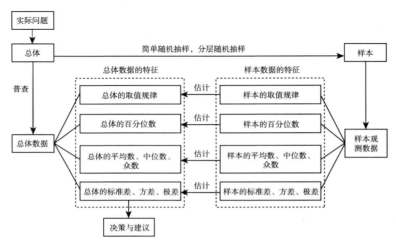

9.1 随机抽样

9.1.1 教学内容及内容解析

1. 内容

本节的知识结构如下：

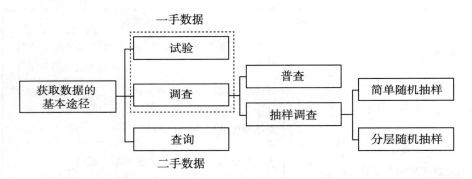

本节的教学内容是获取数据的途径，包括简单随机抽样（抽签法、随机数法）和分层随机抽样，涉及的统计学概念较多。本节共 4 课时：第 1、2 课时的主要内容是简单随机抽样，第 3 课时的主要内容是分层随机抽样，第 4 课时是获取数据的途径。

2. 内容解析

随着大数据和"互联网＋"时代的到来，收集、整理、分析、解释数据的能力显得尤为重要。现代统计学的运用已深入科学、技术、工程和现代社会生活的各个方面，统计素养已成为一名公民的基本素养。而统计调查是获取数据的重要途径。

本节在初中学习过的简单随机抽样方法等统计学知识的基础上，学习简单随机抽样和分层随机抽样方法，并学习通过调查、试验、观察等获取数据的途径。

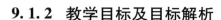

9.1.2 教学目标及目标解析

1. 目标

（1）通过全国人口普查和抽样调查、树人中学高一年级制作课桌椅等案例，体会抽样调查的重要性和必要性。

（2）在简单的实际情境中，能够根据实际问题的特点设计恰当的方法解决问题。

（3）了解总体、个体、样本、样本量、普查、抽样调查的概念。

（4）理解简单随机抽样的概念，掌握抽签法和随机数法的一般步骤。

（5）学会用计算器、数学软件、统计软件等工具来生成随机数。

（6）理解分层随机抽样的概念，体会分层随机抽样的必要性，会进行有关分层随机抽样的运算。

（7）体会用样本平均数、样本中的比例去估计总体平均数、总体中的比例。

（8）通过合作探究，了解获取数据的四种途径，体会如何有效地收集数据。

2. 目标解析

（1）通过阅读课本第173页中的内容，理解普查、抽样调查、总体、样本等概念，体会抽样调查的必要性。

（2）通过课本第174页和第175页中的内容，掌握简单随机抽样中的抽签法和随机数法。

（3）通过对树人中学高一年级学生平均身高的计算，理解总体均值、样本均值等概念，体会加权平均数的计算方法，理解课本第178页的探究问题。

（4）解答与课本第177页中练习第1，2题类似的问题。

（5）在分层随机抽样调查的过程中，明确分层随机抽样的方法和步骤。

（6）通过抽样调查的具体实例，知道对个体差异大的总体实施简单随机抽样时可能出现"极端样本"，若能利用辅助信息进行合理分层，可以改进抽样方法。

（7）通过随机抽样的教学，经历简单随机抽样、分层随机抽样收集数据、分析数据的过程，感受样本的随机性，提升数学抽象素养、数据分析素养、逻辑推理素养。

3. 素养目标

<table>
<tr><th rowspan="2"></th><th rowspan="2"></th><th colspan="2">行为方面</th><th colspan="3">核心素养</th></tr>
<tr><th>1</th><th>2</th><th>1</th><th>2</th><th>3</th></tr>
<tr><td rowspan="5">内容方面</td><td>1. 实例抽象</td><td>从现实生活中的人口总量、经济增长率、产品合格率等问题出发,使学生理解学习统计学知识的必要性</td><td>在初中所学习的统计与概率知识的基础上,让学生对具体统计问题进行思考:如何收集数据并提取信息</td><td>数学抽象</td><td></td><td></td></tr>
<tr><td>2. 概念形成（一）</td><td>让学生对问题情境中的数学问题进行分析,了解总体、个体、样本、样本量等概念</td><td>让学生对相关子概念进行准确描述</td><td>逻辑推理</td><td>数学抽象</td><td></td></tr>
<tr><td>3. 概念剖析（一）</td><td>引导学生理解简单随机抽样的概念</td><td>让学生通过实例学会简单随机抽样中的抽签法、随机数法</td><td>数学抽象</td><td>逻辑推理</td><td>数学建模</td></tr>
<tr><td>4. 概念形成（二）</td><td>让学生通过实例理解平均数的概念,体会用样本平均数估计总体平均数</td><td>让学生学会计算分层随机抽样中的样本均值和总体均值</td><td>逻辑推理</td><td>数学抽象</td><td>数学运算</td></tr>
<tr><td>5. 概念剖析（二）</td><td>引导学生根据数据特点选择合适的抽样方法</td><td></td><td>数学运算</td><td>逻辑推理</td><td></td></tr>
</table>

续 表

内容方面		行为方面		核心素养		
		1	2	1	2	3
	6. 概念形成（三）	通过实例引导学生理解如何更好地解决差异明显的抽样问题，理解分层抽样的必要性	使学生掌握分层随机抽样的方法和步骤	数据分析	数学抽象	
	7. 实际运用	让学生应用分层随机抽样解决实际问题	让学生体会如何避免"极端样本"	数学运算	数据分析	
	8. 概念升华	引导学生了解获取数据的四种途径	引导学生学会根据实际情况选择收集数据的途径	数学运算	数据分析	逻辑推理

9.1.3 教学重难点

重点：理解随机抽样的必要性和重要性，学会简单随机抽样、分层随机抽样的特点和方法，通过调查、试验、观察、查询获得数据。

难点：根据实际问题的特点，设计恰当的抽样方法解决问题；样本与总体的关系。

9.1.4 教学问题诊断分析

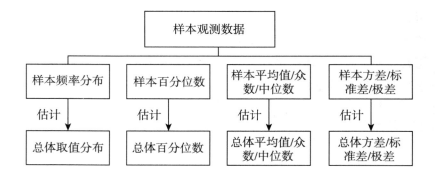

本节教学内容以统计概念为主线，在对概念深度学习的基础上掌握随机抽样的方法。同时，要结合总体的不同特征选择不同的抽样方法。要注意结合实际情境，充分理解抽样的重要性和必要性，通过启发式、体验式、小组合作学习等方式，让学生了解统计学知识在现实生活中的广泛应用。学会用计算机统计软件处理数据，简单、快捷、准确地解决统计学中的一些问题。

教学支持条件方面，可以借助计算器、电子表格软件或 R 软件等实现简单随机抽样和分层随机抽样，体会它们的估计效果。

9.2 用样本估计总体

9.2.1 教学内容及内容解析

1. 内容

本节教学内容是用样本的数据特征估计总体的数据特征，包括频率分布直方图，百分位数，用平均数、众数、中位数等估计总体集中趋势，用方差、标准差、极差等估计总体离散程度等内容。本节共 4 课时：第 1 课时的主要内容是总体取值规律的估计，第 2 课时的主要内容是总体百分位数的估计，第 3 课时的主要内容是总体集中趋势的估计，第 4 课时的主要内容是总体离散程度的估计。

2. 内容解析

用样本估计总体是统计的基本思想。本节内容体现了对数据分析方法学习的螺旋式上升。学生在初中已了解用样本估计总体的思想，知道可用样本的平均数和方差估计总体的平均数和方差，本节在学生初中知识的基础上进一步学习数据统计特征的刻画方法，并用样本的统计特征估计总体的统计特征。

9.2.2 教学目标及目标解析

1. 目标

（1）制作频率分布表和频率分布直方图，知道不同组数的选择会影响对总体分布的判断，积累数据分组的经验。

（2）回顾条形图、扇形图、折线图、频数分布直方图等知识，体会不同的统计图在表示数据上的不同特点。

（3）根据实际问题的特点选择恰当的统计图表对数据进行可视化描述，体会合理使用统计图表的重要性。

（4）通过实例理解总体百分位数的概念，掌握百分位数的计算方法。

（5）通过实例了解平均数、中位数和众数的区别和联系，会计算一组数据的平均数、中位数和众数。

（6）理解平均数、中位数、众数反映一组数据的集中趋势，刻画数据的中心位置。

（7）会计算一组数据的标准差、方差，理解标准差、方差、极差在刻画一组数据的离散程度时的意义，体会用样本估计总体的思想，发展数据分析素养。

（8）通过完整的案例经历用统计学解决问题的过程：了解背景知识、数据来源和要解决的问题，设计解决问题的思路，给出分析结果的解释和建议。

（9）学会正确解读统计数据，从而给出更好的决策和建议。

2. 目标解析

（1）解答与课本第 192 页问题 1 类似的问题，会根据实际需要选择不同的统计图表示数据的特征。

（2）解答与课本第 202 页中例 2、例 3 类似的问题。

（3）理解平均数、中位数、众数都是刻画"中心位置"的量，体会它们的意义和所传递的数据信息。

（4）知道极差、方差、标准差可以刻画数据的离散程度，反映数据的稳定性，会计算方差和标准差；能用平均数、中位数、众数和极差、方差、标准差对数据进行比较和评价。

（5）解答与课本第 212 页例 6 类似的问题。

（6）根据收集到的数据寻找数据中蕴含的信息，结合所学的知识撰写统计分析报告。

3. 素养目标

		行为方面		核心素养		
		1	2	1	2	3
内容方面	1. 问题提出	从现实情境中如何确定较为合理的用水标准的问题出发，让学生从数学的角度发现问题、提出问题		数学抽象	数学建模	数据分析
	2. 概念形成（一）	引入频率分布表和频率分布直方图的概念	让学生对相关子概念进行准确描述	逻辑推理		
	3. 概念剖析（一）	引导学生了解统计图的选择需根据实际问题的需要	让学生体会合理使用统计图的重要性	数学抽象	逻辑推理	
	4. 概念形成（二）	让学生通过实例理解总体百分位数的概念	使学生理解用样本的百分位数估计总体的百分位数，学会求解第 p 百分位数	逻辑推理	数学运算	数据分析
	5. 概念剖析（二）	让学生通过频率分布直方图熟练求解第 p 百分位数		数学运算	数据分析	
	6. 概念形成（三）	使学生了解平均数、中位数、众数的概念以及它们的联系与区别	使学生掌握平均数、中位数、众数的适用场合	直观想象		

续 表

内容方面		行为方面		核心素养		
		1	2	1	2	3
	7. 概念剖析（三）	通过合作探究，使学生掌握利用频率分布直方图求样本的众数、中位数和平均数的方法	让学生选取样本中合适的数据特征来估计总体的集中趋势	逻辑推理	数学运算	数据分析
	8. 概念升华	使学生理解极差、方差、标准差的概念及公式	让学生学会用极差、方差、标准差来刻画数据的离散程度	数学抽象	数据分析	数学运算

9.2.3 教学重难点

重点：频率分布直方图，百分位数、分层随机抽样总样本方差的计算。
难点：统计图的选择，分层随机抽样总样本的计算，样本与总体的关系。

9.2.4 教学问题诊断分析

教学中，应结合具体案例，让学生在实际问题的解决中以及较为系统的数据处理过程中学习数据统计特征刻画的方法，理解数据分析的思路，根据数据分析的需要选择适当的统计图表描述和表达数据。同时，要加强信息技术和统计内容的融合，引导学生合理使用信息技术，节约重复计算、机械性操作的时间，理解方法的目的和本质，体会用样本估计总体的思想。通过学生主动获取知识、小组合作学习、教师答疑解惑来完成教学，最终形成完整的知识体系，建立起统计的思想。

在教学支持条件方面，可以利用电子表格软件或 R 软件等统计软件。

9.3 统计案例 公司员工的肥胖情况调查分析

9.3.1 教学内容及内容解析

1. 内容

本节通过一个完整案例让学生经历统计学解决问题的过程：了解背景知识、数据来源和要解决的问题，设计解决问题的思路，给出统计分析的结果。本节共 2 课时。

2. 内容解析

本节通过实际案例让学生进一步学习数据收集和整理的方法、数据直观图表的表示方法、数据统计特征的刻画方法；通过具体实例，让学生感悟在实际生活中进行科学决策的必要性和可能性，体会统计思维与确定性思维的差异，积累数据分析的经验，体会数学的应用价值。

9.3.2 教学目标及目标解析

1. 目标

（1）通过统计案例的研究，理解数据分析的思路，进一步明确统计数据分析的基本过程。

（2）体会如何有效地收集和分析数据，以及方法的必要性、合理性或重要性。

（3）根据实际问题的特点，选择恰当的方法收集数据，选择恰当的统计图表描述数据，选择合适的数据特征刻画统计特征。

（4）进一步熟悉利用信息技术绘制统计图表的方法，并从中提取统计信息。

2. 目标解析

（1）根据课本第 218 页提供的背景知识和数据信息绘制男、女员工 BMI（身体质量指数）的频率分布直方图。

（2）结合统计图表解释男、女员工肥胖情况，并能分析其中的原因。

（3）结合课本第 219 页的模板撰写统计分析报告。

（4）够设计与课本第 224 页中问题类似的调查方案和调查报告。

（5）通过将自主探究和合作学习相结合，经历较为完整的数据收集、分析和调查报告撰写的过程，提升数学建模素养、数据分析素养、逻辑推理素养。

3. 素养目标

<table>
<tr><td rowspan="2"></td><td rowspan="2"></td><td colspan="2">行为方面</td><td colspan="3">核心素养</td></tr>
<tr><td>1</td><td>2</td><td>1</td><td>2</td><td>3</td></tr>
<tr><td rowspan="8">内容方面</td><td>1. 实例抽象</td><td>让学生结合现实背景和相关数据，得到衡量人体胖瘦程度和健康状况的 BMI</td><td>使学生熟悉 BMI 的计算公式和中国成人的 BMI 标准</td><td>数学抽象</td><td>数学建模</td><td></td></tr>
<tr><td>2. 概念形成</td><td>让学生对问题情境中的数学问题进行分析，并概括总结出 BMI 的概念</td><td></td><td>逻辑推理</td><td>数学建模</td><td></td></tr>
<tr><td>3. 概念剖析</td><td>学生知道如何根据相关数据信息选择合适的图表刻画和分析相关数据</td><td>学生能用信息技术制作统计图表</td><td>数学运算</td><td>逻辑推理</td><td></td></tr>
<tr><td>4. 概念升华</td><td>让学生熟悉统计分析报告的主要组成部分</td><td>让学生学会撰写统计分析报告</td><td>数据分析</td><td>数学抽象</td><td>数学计算</td></tr>
</table>

9.3.3 教学重难点

重点：通过案例学会如何有效地收集和分析数据。

难点：根据实际问题的特点，灵活运用所学统计知识。

9.3.4 教学问题诊断分析

统计是通过数据分析研究和解决问题的学科，其研究重点是如何有效地收集和分析数据，它的概念和方法产生的动力基本都来自解决实际问题的需要。本节通过统计案例的介绍和处理，让学生经历较为系统的数据处理的过程，学会如何有效地收集和分析数据——既要节省人力、物力和时间，又要提高估计精度和可靠性，学习数据分析的概念和方法，体会统计方法的必要性和合理性，逐步培养学生统计的思想，发展其数据分析、数学抽象及数学建模素养。

教学支持条件方面，可以利用统计软件或 Excel 等绘制频率分布直方图、条形图、扇形图、折线图等统计图表。

第十章

概　率

【课时安排】

内容	课时	具体安排
10.1 随机事件与概率	4	有限样本空间与随机事件第 1 课时，事件的关系与运算第 2 课时，古典概型第 3 课时，概率的基本性质第 4 课时
10.2 事件的相互独立性	1	事件的相互独立性
10.3 频率与概率	2	频率的稳定性第 1 课时，随机模拟第 2 课时
合计	7	

【本章知识结构框图】

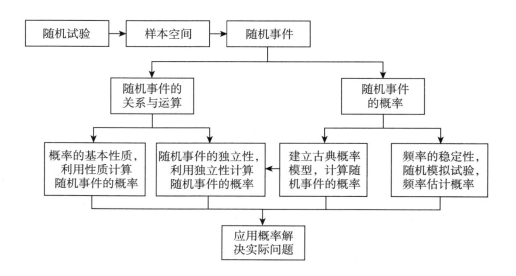

10.1 随机事件与概率

10.1.1 教学内容及内容解析

1. 内容

本节的知识结构如下：

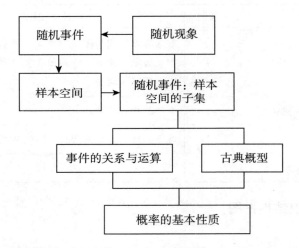

本节包括样本点、有限样本空间，事件的包含、互斥、相互对立，并事件、交事件等的含义，古典概型的定义、特征与计算，概率的非负性、规范性、可加性、单调性、加法公式等内容，它们是概率中的重要内容。本节共 4 课时：第 1 课时是有限样本空间与随机事件，第 2 课时是事件的关系与运算，第 3 课时是古典概型，第 4 课时是概率的基本性质。

2. 内容解析

本节在初中初步了解了随机事件的概率，并学习了在事件结果等可能的情形下求简单随机事件的概率的基础上，研究随机事件及其概率的计算，结合古典概型探究随机事件概率的性质，学会认识问题，善于解决问题。

10.1.2 教学目标及目标解析

1. 目标

（1）结合具体实例，理解样本点和有限样本空间的含义。

（2）会用适当的字母、数字或数对表示随机事件的结果，会构建样本空间，会画树状图，理解样本空间的表达。

（3）理解必然事件、不可能事件的含义。

（4）通过与集合关系与运算的类比，理解随机事件的关系——与运算的意义。

（5）了解随机事件的并、交、互斥对立的含义，能结合实例进行随机事件的并、交运算。

（6）结合实例归纳古典概型的特征、古典概型的定义。

（7）用由特殊到一般的方法，归纳出求解古典概型问题的一般思路和步骤。

（8）理解概率性质的非负性、规范性、可加性、单调性等。

（9）会利用概率的运算法则求随机事件的概率。

2. 目标解析

（1）用字母、数字、数对等方法表示样本空间，能够解答与课本第227页例1、例2、例3类似的问题。

（2）理解包含、相等及事件的并、交、互斥、对立等概念，能够解答与课本第232页例6类似的题目。

（3）解答与课本第234页至第237页例7、例8、例9、例10类似的问题。

（4）对比函数的研究路径，学会用概率的基本性质解决实际问题。

（5）解答与课本第241页例11、例12类似的问题。

（6）结合具体实例，加深对随机现象的认识，提升对核心概念"随机事件"的理解层次，掌握建立概率模型的一般方法，学会辩证地思考问题，提升数学抽象、逻辑推理、数据分析、数学运算等素养。

3. 素养目标

内容方面		行为方面		核心素养		
		1	2	1	2	3
	1. 实例抽象	从现实情境中的随机现象出发，让学生从数学的角度发现问题、提出问题	从随机试验中得到样本点、样本空间的概念	数学抽象	逻辑推理	
	2. 概念形成（一）	让学生从现实情境中抽象出随机事件的概念	让学生对相关子概念进行准确描述	逻辑推理	数学抽象	
	3. 概念剖析（一）	引导学生理解随机事件的概念	通过实例引导学生用恰当的方法表示样本点和样本空间	数学建模	逻辑推理	
	4. 概念形成（二）	让学生类比集合之间的关系和并、交运算，认识事件的关系——与运算	用集合表示事件，强化实际问题数学化的过程，使学生进一步理解事件的关系——与运算的含义	逻辑推理	数学建模	
	5. 概念剖析（二）	让学生用由特殊到一般的方法，给出事件之间的包含、互斥、互相对立的含义	通过实例引导学生学会用数学方法表示事件之间的关系	数学运算	逻辑推理	
	6. 概念形成（三）	让学生通过实例概括出古典概型的定义和特征	引导学生归纳求解古典概型问题的一般思路，学会计算随机事件的概率	数学抽象	数学建模	数学运算

续 表

内容方面		行为方面		核心素养		
		1	2	1	2	3
	7. 概念剖析（三）	引导学生从概率的定义出发，用由特殊到一般的方法研究概率的基本性质		逻辑推理		
	8. 概念升华	引导学生学会用概率的性质求解实际问题	让学生计算两个事件同时发生的概率及对立事件的概率	逻辑推理	数学建模	数学运算

10.1.3　教学重难点

重点：有限样本空间及随机事件的概念，事件的关系——与运算的意义，古典概型，概率的基本性质及运用。

难点：计算古典概型相关事件的概率，样本点等可能性的判断。

10.1.4　教学问题诊断分析

本节教学以概念为主线，重在对概念的深刻理解，要重视核心概念，如随机事件、样本点、样本空间等的数学抽象，重视数学思想方法的提炼和渗透，通过由特殊到一般、由具体到抽象、类比、归纳等思想，让学生了解构建概率模型的一般方法，确定概率的研究路径，发现概率的性质，构建研究路径，抽象概率的研究对象，建立概率的基本概念，发现和提出概率的性质，探索和形成研究具体随机现象的思路和方法。

教学支持条件方面，要发挥信息技术的优势，通过计算机产生随机数，随机模拟大量重复试验。

10.2 事件的相互独立性

10.2.1 教学内容及内容解析

1. 内容

本节的知识结构如下：

本节包括事件的相互独立的定义、性质，以及利用事件独立及性质判断事件的独立性，古典概型的概率计算中的应用。本单元共 1 课时。

2. 内容解析

本节在前面学习过互斥事件、对立事件的概率性质和事件的概率的计算方法的基础上，进一步研究事件的独立性及积事件的概率。独立性是概率论的基本思想，课本将抛掷硬币和摸球的随机试验作为引例，抽象出两个事件相互独立的定义。

10.2.2 教学目标及目标解析

1. 目标

（1）经历由特殊到一般、由具体到抽象的过程，理解两个事件相互独立的一般定义。

（2）学会通过两个事件相互独立的本质，即两个事件积的概率等于这两个事件概率的积，判断两个事件是否独立。

（3）理解事件相互独立的直观判断，即两个事件的发生互相不受影响，能区分事件的独立性和互斥性。

（4）结合课本第 247 页的"探究"栏目，探究如果事件 A 与事件 B 相互独立，那么它们的对立事件是否需要独立。

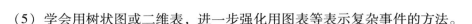

（5）学会用树状图或二维表，进一步强化用图表等表示复杂事件的方法。

（6）利用事件的独立性的定义求解随机事件的概率。

2. 目标解析

（1）结合课本第 246 页中的探究问题，理解课本第 247 页中的两个事件相互独立的定义。

（2）解答与课本第 248 页中例 1、例 2 类似的问题。

（3）结合课本第 247 页的探究问题，进一步理解事件相互独立的性质，利用直观意义或定义判断事件的独立性。

（4）解答与课本第 249 页中例 3 类似的问题。

（5）通过事件的相互独立性的教学，了解由特殊到一般、由具体到抽象的处理问题的路径，提升数学抽象素养、直观想象素养、数据分析素养、逻辑推理素养。

3. 素养目标

		行为方面		核心素养		
		1	2	1	2	3
内容方面	1. 实例抽象	从现实情境中的两个随机试验出发，让学生从数学的角度发现问题、提出问题	选择两个符合独立性直观意义的试验，促进学生感悟事件的独立性	数学抽象	数学建模	直观想象
	2. 概念形成（一）	让学生对问题情境中的数学问题进行分析并概括总结出事件独立性的概念		逻辑推理	数学建模	
	3. 概念剖析（一）	引导学生学会判断事件的独立性，促进知识完整化、系统化	让学生考虑两个特殊的随机事件与任意一个随机事件是否独立	数学运算	逻辑推理	

续　表

内容方面		行为方面		核心素养		
		1	2	1	2	3
内容方面	4. 概念形成（二）	通过实例引导学生利用事件的独立性计算概率	让学生分析随机试验，用集合语言表示随机事件	逻辑推理	数学建模	数学计算
	5. 概念剖析（二）	让学生辨析事件的独立性和互斥性的区别	通过实例引导学生学会计算两个事件积的概率	数学运算	逻辑推理	
	6. 概念升华	让学生提升对事件独立性概念的理解，同时注意区分和事件的包含、相等、互斥、对立的区别	引导学生独立思考，理解概念本质	逻辑推理	数学建模	

10.2.3　教学重难点

重点：两个事件相互独立的直观意义及其定义，利用事件的独立性解决实际问题。

难点：在实际问题情境中判断事件的独立性。

10.2.4　教学问题诊断分析

本节教学重点是概念的内涵挖掘，根据课本提供的不同背景的随机试验，让学生利用直观意义或定义判断给定的两个事件是否独立，引导学生通过独立思考、小组合作、总结来加深对概念的理解。教学中要以核心知识为基础，以问题情境为载体，以思想方法为依托，综合体现数学核心素养的落实，逐步培养学生、由特殊到一般、由具体到抽象、数学建模的思想。

教学支持条件方面，可以利用树状图或二维表进一步强化用图表表示复杂事件的方法。

10.3　频率与概率

10.3.1　教学内容及内容解析

1. 内容

本节的知识结构如下：

频率的稳定性是概率论的理论基础。本节主要包括频率的稳定性、频率与概率的联系与区别、用频率估计概率的方法、随机模拟等内容，它们是本章中的重要内容。本节共 2 课时：第 1 课时的主要内容是频率的稳定性，第 2 课时的主要内容是随机模拟。

2. 内容解析

学生在初中数学的学习中对频率和概率的意义已有一些直观认识，即频率是反映事件发生的频繁程度，而概率是反映事件发生的可能性大小。本节将引导学生进一步了解频率和概率的本质区别，并通过随机模拟认识频率的稳定性。

10.3.2　教学目标及目标解析

1. 目标

（1）结合实例初步认识频率的稳定性和概率的意义。

（2）了解随机事件发生的频率既具有随机性，又具有稳定性。

（3）了解当试验次数足够多时，频率接近概率的可能性会增加，利用频率估计概率是获得随机事件概率的重要方法。

（4）利用计算工具的随机整数函数"RANDBETWEEN（1，n）"产生随机数，模拟掷硬币、掷骰子、有放回摸球等试验。

（5）学会根据问题条件设计合理的随机模拟试验，用频率估计概率。

2. 目标解析

（1）结合课本第 251 页的探究问题，了解随着试验次数的增加，频率偏离概率的幅度会缩小。

（2）解答与课本第 253 页例 1、例 2 类似的问题。

（3）结合实例进一步理解频率和概率的关系。

（4）学会用计算机模拟重复抛硬币、重复抛掷骰子、有放回摸球等试验。

（5）解答与课本第 256 页例 3、例 4 类似的问题。

（6）通过频率与概率的教学，让学生了解由理论到实际、由特殊到一般的处理问题的路径，提升学生的数学抽象素养、逻辑推理素养、直观想象素养、数学建模素养。

3. 素养目标

<table>
<tr><td rowspan="2"></td><td rowspan="2"></td><td colspan="2">行为方面</td><td colspan="3">核心素养</td></tr>
<tr><td>1</td><td>2</td><td>1</td><td>2</td><td>3</td></tr>
<tr><td rowspan="8">内容方面</td><td>1. 实例抽象</td><td>从抛掷硬币的随机试验出发，让学生从概率的角度发现问题、提出问题</td><td>让学生了解试验次数的增加导致频率变化的规律</td><td>数学抽象</td><td>直观想象</td><td></td></tr>
<tr><td>2. 概念形成（一）</td><td>让学生对随机试验中的试验结果进行分析</td><td>让学生认识频率的随机性和稳定性</td><td>逻辑推理</td><td>数学建模</td><td>数学抽象</td></tr>
<tr><td>3. 概念剖析（一）</td><td>引导学生利用频率估计概率</td><td>通过实例引导学生学会做频率估计概率的问题</td><td>数学运算</td><td>逻辑推理</td><td></td></tr>
<tr><td>4. 概念形成（二）</td><td>通过大量重复试验，让学生进一步发现和理解其规律、建立模型</td><td>让学生根据频率和概率的知识解释天气预报、游戏的公平性等问题</td><td>逻辑推理</td><td>数学建模</td><td></td></tr>
</table>

续　表

		行为方面		核心素养		
		1	2	1	2	3
内容方面	5. 概念剖析（二）	引导学生思考如何用其他方法替代频率估计概率的大量重复试验		数学运算	逻辑推理	
	6. 概念升华	引导学生利用计算器或计算机软件构建随机模拟试验	通过实例引导学生设计随机模拟试验	逻辑推理	数学建模	数学运算

10.3.3　教学重难点

重点：频率与概率的联系与区别，用频率估计概率，随机模拟。

难点：对频率稳定性规律的理解。

10.3.4　教学问题诊断分析

本节以频率和概率的关系为主线，以试验为载体，以信息技术为工具，在初中学习的概率的基础上不断建立起概率的思想。教学过程中应该让学生经历重复试验，收集、整理数据，利用图表表示试验数据，通过观察、比较发现频率的随机性和稳定性等特征的过程。对于相关概念和概率思想的教学，应结合其在现实生活中的广泛应用，如保险领域各种"事故"发生的概率，天气预报的解释等帮助学生理解。教学中还要关注学生思维发展水平的螺旋式上升，让学生分层次理解频率和概率的关系，从而更好地理解统计的思想和概率的意义。

教学支持条件方面，可以利用计算工具的随机整数函数产生随机数。

选择性必修第一册

第一章

空间向量与立体几何

【课时安排】

内容	课时	具体安排
1.1 空间向量及其运算	2	空间向量及其线性运算第 1 课时，空间向量的数量积运算第 2 课时
1.2 空间向量基本定理	2	空间向量的正交分解以及由此得出的基本定理第 1 课时，基本定理在立体几何中的简单应用第 2 课时
1.3 空间向量及其运算的坐标表示	2	空间向量及其线性运算第 1 课时，空间向量的数量积运算第 2 课时
1.4 空间向量的应用	6	空间中点、直线和平面的向量表示第 1 课时，空间中直线、平面的平行第 2 课时，空间中直线、平面的垂直第 3 课时，用空间向量研究距离问题第 4 课时，用空间向量研究角度问题第 5 课时，空间向量的综合应用第 6 课时
1.5 小结	2	复习课第 1 课时，复习课第 2 课时
合计	14	

【本章知识结构框图】

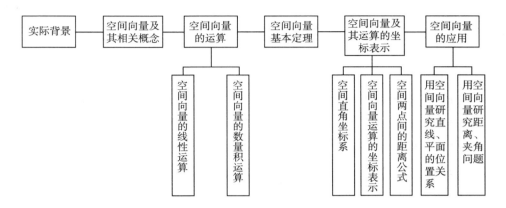

1.1 空间向量及其运算

1.1.1 教学内容及内容解析

1. 内容

本节的知识结构如下：

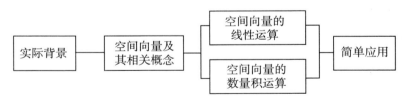

空间向量及其运算是本章的基础，主要包括空间向量的基本概念和基本运算。本节共2课时：第1课时是空间向量及其线性运算，第2课时是空间向量的数量积运算。

2. 内容解析

由于空间向量的概念和运算与平面向量的概念和运算具有一致性，因此，课本（《数学 选择性必修 第一册 A版》）注意引导学生与平面向量及其运算做类比，让学生经历向量由平面向空间推广的过程。在展开空间向量及其运算内容时，课本同步安排了利用空间向量解决相关的简单立体几何问题的实例。

1.1.2 教学目标及目标解析

1. 目标

（1）由平面向量通过类比得到空间向量的相关概念。

（2）掌握空间向量的线性运算、数量积及其运算法则。

（3）理解空间向量相等、共线、共面等特殊关系的含义并会判断。

（4）熟悉对空间向量线性共线、共面关系适当拓展后的结论。

2. 目标解析

（1）理解课本中的相关例题，并会做课本、课外布置的相关习题。

（2）梳理清楚平面向量和空间向量的区别和联系。

（3）会运用空间向量的概念、运算、关系解决问题。

（4）通过空间向量的教学，让学生体会类比推理的作用，提升学生的数学抽象素养、数学运算素养、直观想象素养、逻辑推理素养。

3. 素养目标

		行为方面		核心素养		
		1	2	1	2	3
内容方面	1. 概念形成（一）	让学生通过类比平面向量得到空间向量的有关概念	让学生对相关子概念进行准确描述	数学抽象	逻辑推理	直观想象
	2. 概念形成（二）	让学生通过类比平面向量得到空间向量的线性运算	在运算律、共线和共面关系上设置了三次探究活动	数学抽象	逻辑推理	直观想象
	3. 概念剖析（一）	通过例题加深学生对空间向量的概念和线性运算的理解	初步引导学生利用空间向量解决空间问题	数学运算	逻辑推理	

续 表

内容方面		行为方面		核心素养		
		1	2	1	2	3
	4. 概念形成（三）	让学生通过类比平面向量得到空间向量的数量积运算	课本 P6—7 在投影概念、数量积运算律上设置了两次思考活动	数学抽象	逻辑推理	
	5. 概念剖析（二）	通过例题加深学生对空间向量的数量积运算的理解		数学运算	直观想象	
	6. 概念升华	引导学生以空间向量作为工具表达和解决立体几何问题		逻辑推理	直观想象	数学运算

1.1.3　教学重难点

重点：空间向量及其相关概念，空间向量的线性运算，空间向量的数量积。

难点：用向量方法解决立体几何问题。

1.1.4　教学问题诊断分析

本节教学以与平面向量类比为主线，重构了空间向量的概念、关系和运算等知识，以使学生不用把空间向量作为全新内容而能轻松理解它。空间向量与平面向量既有联系又有区别，教学时要重点比较和归纳，形成系统，加深学生的理解。对于空间向量的共面关系及其拓展作为新内容要引导学生理解透彻。相对于平面向量，空间向量的应用背景由平面变成了空间，建议教学中多结合例题引导学生联系立体几何进行学习。在类比中概念自然生成、内涵挖掘、总结应用、引申拓展等方面进行师生互动、生生互动，通过学生主动获取知识、小组合作学习、教师答疑解惑来完成教学，最终形成完整的知识体系。

1.2 空间向量基本定理

1.2.1 教学内容及内容解析

1. 内容

本节的知识结构如下：

本节的主要内容是空间向量基本定理。空间向量基本定理是立体几何问题代数化的基础，有了这个定理，整个向量空间可以用三个不共面的基向量确定，使空间结构变得简单明了。本节共 2 课时：第 1 课时是空间向量的正交分解以及由此得出的基本定理，第 2 课时是基本定理在立体几何中的简单应用。

2. 内容解析

本节，课本从空间中三个两两垂直的不共面的向量这一特殊情况出发，类比平面向量基本定理，给出空间向量基本定理。通过本节的教学，使学生了解空间向量基本定理及其意义，并会在简单问题中选用空间三个不共面的向量作为基底表示其他向量，发展学生直观想象、数学运算、逻辑推理等素养。

恰当选择基底依赖于对立体图形基本元素及其基本关系的把握，需要学生有较好的空间想象力，这对学生而言存在一定的困难，这是本节教学的难点。教学时要注意引导学生从几何图形的组成元素及其基本关系上加强分析。

1.2.2 教学目标及目标解析

1. 目标

（1）由平面向量基本定理类比，联想空间向量基本定理。

（2）用由特殊到一般、由简单到复杂的方法引导学生由空间向量的正交分解推导出空间向量基本定理，并理解基本定理的作用和意义。

（3）理解空间向量一组基底的含义和作用。

（4）理解用一组基底表示空间向量的唯一性。

（5）通过实例让学生掌握利用已知的基底表示所给的空间向量的方法。

2．目标解析

（1）空间向量的正交分解与平面向量的正交分解类似，区别仅在于基底中多了一个向量，从而分解结果中也多了一"项"。教学中，除了引导学生利用平面向量的正交分解得到空间向量的正交分解外，还要提醒学生注意这种差异。

（2）对于课本"边空"中的问题"你能证明唯一性吗？"可以让学生利用反证法证明。

（3）课本中第 12 页采用三个不共面的向量表示一个具体的空间向量的例子，目的是加深学生对空间向量基本定理的理解，教学时，要注意引导学生观察图形的结构，结合已知和所求，运用向量线性运算的法则等，将所要表示的向量表示为三个不共面向量的线性组合。

（4）课本中第 13 页例 2 是利用空间向量基本定理证明平行六面体中两条线段互相垂直的例子，学生已经会用向量的数量积运算判断两直线是否具有垂直关系，教学时要注意引导学生构造适当的基底，并把相关向量用基底表示。

（5）课本中第 13 页例 3 是利用空间向量基本定理证明正方体中两条线段互相平行和计算两条线段所成角的余弦值的例子，立体几何中有关两直线平行的问题一般可以转化为两向量共线的问题。对于例 3 中的第一个问题，教学中应注意引导学生利用正方体的结构特征构造正交基底，并用基向量表示相关的向量。对于例 3 中的第二个问题，教学中要注意引导学生用基向量表示向量数量积运算中涉及的向量。

（6）本节的学习需要学生具备良好的直观想象、逻辑推理等素养，在教学时要着力关注和培养。

3. 素养目标

		行为方面		核心素养		
		1	2	1	2	3
内容方面	1. 概念形成	引导学生对空间向量进行正交分解	让学生通过正交分解推广得到空间向量基本定理	逻辑推理	直观想象	
	2. 概念剖析	让学生分析和证明用一组基底表示空间向量结果的唯一性	让学生分析基底的含义，分析基本定理的意义和作用，并同平面向量基本定理类比	数学抽象	逻辑推理	
	3. 概念应用	学生通过实例掌握如何选择一组基底表示空间向量	学生能够利用基本定理解决立体几何中的一些简单的证明和计算问题	逻辑推理	数学运算	直观想象

1.2.3 教学重难点

重点：空间向量基本定理。

难点：基底的恰当选择。

1.2.4 教学问题诊断分析

对于空间向量基本定理，应类比平面向量基本定理进行教学，引导学生比较两者的异同，包括证明思路的相似性，以便学生更好地理解空间向量基本定理及其意义。通过本节的学习，学生要会选用空间三个不共面的向量作为基底表示其他向量。恰当选择基底依赖于对立体图形基本元素及其基本关系的把握，这是本节教学的难点，需要学生有较好的空间想象力，教学时要注意引导学生从几何图形的组成元素及其基本关系上加强分析，注重培养学生的直观想象、数学运算、逻辑推理等素养。

1.3 空间向量及其运算的坐标表示

1.3.1 教学内容及内容解析

1. 内容

本节的知识结构如下：

本节包括空间直角坐标系，空间向量运算的坐标表示，向量平行和向量垂直时坐标之间的关系，向量长度公式的坐标表示、两向量夹角公式的坐标表示，以及空间两点间的距离公式等内容。本节共 2 课时：第 1 课时是空间向量及其线性运算，第 2 课时是空间向量的数量积运算。

2. 内容解析

本节重在介绍空间向量的一种重要表示方法——坐标表示。有了坐标表示，空间向量的作用将更加强大，会使解决立体几何问题的思路更加简洁明确，易于操作。由于空间向量的概念和运算与平面向量的概念和运算具有一致性，因此，课本注意引导学生与平面向量及其运算做类比，让学生经历向量由平面向空间推广的过程。本节内容承上启下，讲述什么是空间向量的坐标表示，怎样用坐标表示前面学习过的向量的概念和有关计算，为后面介绍空间向量的应用做准备。

1.3.2 教学目标及目标解析

1. 目标

（1）类比平面坐标系，利用空间一点及空间内一组单位正交基底建立空间直角坐标系，熟悉空间直角坐标系的结构并能用坐标表示空间中的点。

（2）类比平面向量的坐标表示，理解空间向量坐标表示的意义和原理，并能把空间向量在单位正交基底下的线性表达式变成坐标形式。

（3）熟练掌握用坐标表示空间向量的方法，并分清楚坐标的双重意义（根据背景辨析坐标是表示点还是向量）。

（4）把坐标还原成单位正交基底的线性表达式，利用向量运算法则推导向量运算的坐标表示公式并掌握熟练。

（5）推导并掌握用坐标表示空间向量、模、积和夹角的公式。

（6）推导并掌握用坐标表示空间向量之间的平行、垂直关系。

2. 目标解析

（1）理解引入空间向量的坐标表示是将几何问题代数化的基础和前提。

（2）认识空间直角坐标系的结构（原点、坐标轴、坐标平面），熟练地将空间中的点和空间坐标进行一一对应转化。

（3）理解空间向量坐标化的本质是在单位正交基底下空间向量的线性表达式的一种简写和概括，坐标和线性表达式可以相互转化；借助空间向量基本定理理解坐标表示的存在和唯一性。

（4）解答与课本类似的问题，熟练掌握用坐标表示点和向量的方法。

（5）熟练记忆用坐标表示的空间向量运算、模、夹角、平行垂直等相关公式，并能直接应用。

（6）结合课本第 20 页例 2、例 3 和课本第 20 页的探究问题，掌握解决简单的立体几何问题的一种基本思路：建立适当的空间直角坐标系，用向量表示相关元素，并通过向量及其坐标的运算进行求解。

（7）解答课本中的相关练习题。

（8）通过空间向量的教学，让学生了解类比推理的作用，提升学生数学抽象素养、数学运算素养、直观想象素养、逻辑推理素养。

3. 素养目标

		行为方面		核心素养		
		1	2	1	2	3
内容方面	1. 概念形成（一）	让学生类比平面向量中的直角坐标系，引入空间直角坐标系	让学生对相关子概念进行准确描述，并会表示空间中点的坐标	数学抽象	直观想象	
	2. 概念形成（二）	让学生类比平面向量的坐标表示，引入空间向量的坐标表示		数学抽象	直观想象	
	3. 概念初步应用	让学生通过课本 P18 例 1 理解用坐标表示空间中的点和向量的方法		数学运算	直观想象	
	4. 概念深化（一）	让学生推导空间向量运算的坐标表示公式	让学生推导空间向量模和夹角的坐标表示公式	数学运算	逻辑推理	
	5. 概念深化（二）	让学生推导空间向量垂直和平行的坐标表示公式	拓展其他辅助公式，如空间两点距离公式等	数学运算	逻辑推理	
	6. 概念应用	通过课本第 20 页例 2、例 3 的学习，使学生掌握一种基本思路：建立适当的空间直角坐标系，用向量表示相关元素，并通过向量及其坐标的运算求解问题		数学运算	直观想象	逻辑推理

1.3.3 教学重难点

重点：空间直角坐标系的建立和空间向量运算的坐标表示。

难点：空间向量运算的坐标表示及其应用。

1.3.4 教学问题诊断分析

在平面向量中，我们以平面直角坐标系中与 x 轴、y 轴方向相同的两个单位向量 i，j 为基底，建立了向量的坐标与点的坐标之间的一一对应关系，从而把平面向量的运算转化为数的运算。同样，通过建立空间直角坐标系，以与 x 轴、y 轴、z 轴方向相同的三个单位向量 i，j，k 为基底，可以把空间向量的运算转化为数的运算。

通过本节教学，应使学生了解空间直角坐标系，感受建立空间直角坐标系的必要性，会用空间直角坐标系刻画点的位置，掌握空间向量及其运算的坐标表示，并会应用这些知识解决简单的立体几何问题，发展数学运算和逻辑推理等素养。

空间向量运算的坐标表示同平面向量运算的坐标表示类似，教学时可以类比平面向量运算的坐标表示进行推广，但怎样推广是学生的困难所在，这是本节教学的难点。此外，利用空间向量运算的坐标表示解决一些立体几何问题也是教学中的一个难点。

1.4 空间向量的应用

1.4.1 教学内容及内容解析

1. 内容

本节的知识结构如下：

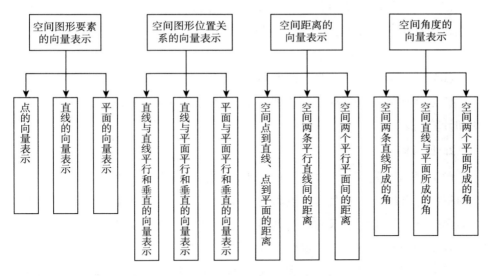

空间向量的应用是本章的重点，主要包括空间中点、线、面及其位置关系的向量表示和空间距离、角度的计算。本节共 6 课时：第 1 课时是空间中点、直线和平面的向量表示，第 2 课时是空间中直线、平面的平行，第 3 课时是空间中直线、平面的垂直，第 4 课时是用空间向量研究距离问题，第 5 课时是用空间向量研究角度问题，第 6 课时是空间向量的综合应用。

2. 内容解析

本节内容在前面空间向量有关知识的基础上，把空间向量作为一个重要工具，表示并解决立体几何问题，其基本思路是把立体几何问题转化成向量问题，解决向量问题，然后把向量问题的答案转化成几何形式。通过本节的学习认识到向量法（包含坐标法）是解决立体几何问题的通法，具有强大的作用。

1.4.2 教学目标及目标解析

1. 目标

（1）了解空间中向量的一个作用可以表示方向，并以此为基础结合课本第 26 页、第 27 页中的思考问题掌握用向量分别表示点、直线和平面的方法。

（2）理解方向向量和法向量的含义和作用。

（3）会求平面的法向量。

（4）结合课本第 29 页和第 31 页的思考问题，理解并掌握用空间向量表示直线、平面的平行和垂直的相关结论。

（5）推导用空间向量表示点线距离和点面距离的公式，并准确应用。

（6）推导异面直线成角、线面角和二面角的向量公式，并准确应用。

（7）按照课本提到的"三部曲"的思路用空间向量解决立体几何中的证明和计算问题。

2. 目标解析

（1）理解空间点、直线、平面的表示方法。其中点的表示方法是根据一个向量的起点确定，那么其终点和向量一一对应。直线是用一个点和一个方向向量表示。平面的表示方法有两种：一种是用一个点和两个不同方向；另一种是用一个点和一个与平面垂直的方向（法向量）。

（2）理解直线的方向向量和平面的法向量是不唯一的，不能为零向量。

（3）会写直线的方向向量，会利用线面垂直确定平面的法向量或者列方程组的方法计算法向量，能够解答与课本第 28 页例 1 类似的问题。

（4）理解并掌握用空间向量表示直线、平面平行的结论，能够解答与课本第 30 页例 2、例 3 类似的问题。

（5）理解并掌握用空间向量表示直线、平面垂直的结论，能够解答与课本第 32 页例 4、例 5 类似的问题。

（6）熟练掌握用向量表示的空间中点线距离和点面距离公式，能够解答与课本第 34 页例 6 类似的问题。

（7）熟练掌握用向量表示的空间中异面直线夹角、线面角、二面角公式，能够解答与课本第 36 页至第 38 页例 7、例 8 类似的问题，会判断二面角是锐角还是钝角。

（8）解答与课本第 39 页至第 40 页例 9、例 10 类似的问题，熟练掌握用空间向量解决立体几何问题的"三部曲"。

（9）理解并区分课本第 41 页提到的解决立体几何问题的三种方法：综合法、向量法以及从向量法中独立出来的坐标法。

3. 素养目标

<table>
<tr><th rowspan="2"></th><th rowspan="2"></th><th colspan="2">行为方面</th><th colspan="3">核心素养</th></tr>
<tr><th>1</th><th>2</th><th>1</th><th>2</th><th>3</th></tr>
<tr><td rowspan="6">内容方面</td><td>1. 方法铺垫（一）</td><td>让学生提出问题——怎样用空间向量表示点、直线和平面，并加以探究</td><td>让学生借助向量和几何知识探究出结论</td><td>数学抽象</td><td>逻辑推理</td><td>直观想象</td></tr>
<tr><td>2. 方法铺垫（二）</td><td>引导学生思考法向量的含义及其求法</td><td>结合例题让学生掌握法向量的求法</td><td>逻辑推理</td><td>数学运算</td><td></td></tr>
<tr><td>3. 方法形成（一）</td><td>让学生提出问题——怎样用向量表示直线、平面的平行关系，并加以探究</td><td>让学生给出相关结论并结合例题进行应用</td><td>逻辑推理</td><td>数学运算</td><td>直观想象</td></tr>
<tr><td>4. 方法形成（二）</td><td>让学生提出问题——怎样用向量表示直线、平面的垂直关系，并加以探究</td><td>让学生给出相关结论并结合例题进行应用</td><td>逻辑推理</td><td>数学运算</td><td>直观想象</td></tr>
<tr><td>5. 方法形成（三）</td><td>引导学生推导点线距离和点面距离的向量公式</td><td>通过例题让学生熟练掌握空间距离的求法</td><td>数学运算</td><td>逻辑推理</td><td></td></tr>
<tr><td>6. 方法形成（四）</td><td>引导学生推导三种空间角的向量公式</td><td>通过例题让学生熟练掌握空间角的求法</td><td>数学运算</td><td>逻辑推理</td><td></td></tr>
</table>

	行为方面		核心素养		
	1	2	1	2	3
内容方面	7. 方法应用	结合课本第 39 页、第 40 页例 9 和例 10，引导学生运用向量法解决物理和立体几何问题	引导学生思考并体会向量法的强大作用	逻辑推理	数学运算	
	8. 总结升华	鼓励学生总结向量法的一般步骤和模型	引导学生比较解决立体几何问题的三种方法，即综合法、向量法、坐标法	逻辑推理	数学建模	数学运算

1.4.3 教学重难点

重点：空间图形基本要素及其关系的向量表示，用向量方法解决空间图形的位置关系、距离和夹角等度量问题。

难点：建立空间图形基本要素与向量之间的关系，把立体几何问题转化为空间向量问题。

1.4.4 教学问题诊断分析

学生在《立体几何初步》的学习中，对于距离和夹角有了一定的认识，但缺乏整体性、系统性。在本章前面的学习中，学生也已经利用空间向量及其运算、空间向量基本定理等解决了一些简单的立体几何问题，但对于其中的向量方法体会还不够深刻，对于用空间向量解决立体几何问题的"三部曲"也达不到熟练运用的程度，特别是在解决综合性问题时，常常对其中的第一步"建立立体图形与空间向量的联系，用空间向量表示问题中涉及的点、直线、平面，把立体几何问题转化为向量问题"缺乏经验。

本节的教学难点为：整体理解空间距离公式和角度公式，以及运用"三部曲"解决立体几何中的综合问题。

1.5 小 结

（1）理解空间向量的概念，掌握空间向量的线性运算和数量积运算。

（2）了解空间向量基本定理及其意义。

（3）了解空间直角坐标系，掌握空间向量及其运算的坐标表示。

（4）理解直线的方向向量和平面的法向量，掌握判断空间中直线、平面平行和垂直以及求距离和角度的向量方法。

（5）体会平面向量和空间向量的共性和差异，体会向量方法和综合几何方法的共性和差异。

第二章

直线和圆的方程

【课时安排】

内容	课时	具体安排
2.1 直线的倾斜角与斜率	2	倾斜角与斜率第 1 课时，两条直线平行和垂直的判定第 2 课时
2.2 直线的方程	3	直线的点斜式方程第 1 课时，直线的两点式方程第 2 课时，直线的一般式方程第 3 课时
2.3 直线的交点坐标与距离公式	4	两条直线的交点坐标及两点间的距离公式第 1、2 课时，点到直线的距离公式第 3 课时，两条平行直线间的距离第 4 课时
2.4 圆的方程	2	圆的方程
2.5 直线与圆、圆与圆的位置关系	3	直线与圆的位置关系第 1 课时，圆与圆的位置关系第 2 课时
合计	14	

【本章知识结构框图】

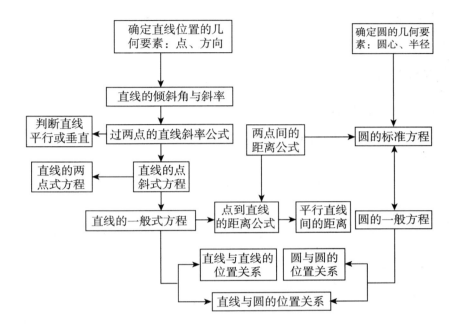

2.1　直线的倾斜角与斜率教学设计

第 1 课时　倾斜角与斜率

2.1.1　教材分析

　　直线的倾斜角和斜率是解析几何的重要概念之一，是直线重要的几何性质，是研究直线的方程形式、直线的位置关系等思维的起点，有着开启全章的作用。

　　学生在原有的对直线有关性质和平面向量相关知识理解的基础上，重新以坐标化的方式来研究直线的相关性质；突出用代数方法解决几何问题的过程，强调代数关系的几何意义，它既能为进一步学习圆锥曲线方程、导数等知识做好知识上的必要准备，又能为今后灵活地应用解析几何的基本思想和方法打好坚实的基础。

从倾斜角到斜率实现了解析几何代数化，初步渗透坐标法与数形结合的思想方法。

2.1.2 教学目标

1. 知识与技能目标

（1）掌握直线的倾斜角的概念，知道直线的倾斜角的范围。

（2）理解直线的斜率，掌握过两点的直线的斜率公式。

（3）掌握倾斜角与斜率之间的关系。

2. 过程与方法目标

从学习中体会到用代数方法解决几何问题的优点，能够从不同角度去分析问题，体会代数与几何结合的数学魅力。

3. 情感态度与价值观目标

在平等的教学氛围中，通过学生之间、师生之间的交流、合作和评价，实现共同探究、教学相长的教学情境，同时培养学生独立思考等良好的个性品质，以及勇于批判、敢于创新的科学精神。通过计算机辅助教学，展现动态教学，使学生体会数形结合的美感。

4 素养目标

课程目标	学科素养
1. 在平面直角坐标系中，结合具体图形，探索确定直线位置的几何要素。 2. 理解直线的倾斜角和斜率的概念。 3. 掌握倾斜角和斜率之间的关系。 4. 掌握过两点的直线斜率的计算公式	1. 数学抽象：直线倾斜角与斜率的概念。 2. 逻辑推理：倾斜角与斜率的关系。 3. 数学运算：直线斜率的计算。 4. 直观想象：直线的倾斜角。

2.1.3 教学重难点

重点：直线倾斜角和斜率的概念，过两点的直线的斜率公式，斜率与倾斜角之间的关系。

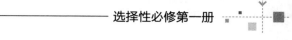

难点：斜率概念的推导，斜率与倾斜角之间的关系。

2.1.4　教学方法与教学手段

1. 教学方法

通过情境教学法，首先将生活中的实例引入本节课程，接着通过问题驱动法引导学生以小组形式进行合作探究，最后通过多媒体技术（几何动画）让学生进一步加深对问题的理解。

2. 教学手段

板书、多媒体课件、几何画板、投影。

第 2 课时　两条直线平行和垂直的判定

2.1.5　教学内容及内容解析

1. 内容

两条直线平行和垂直的判定。

2. 内容解析

为了在平面直角坐标系中用代数方法表示直线，我们从确定直线位置的几何要素出发，引入直线的倾斜角，再利用倾斜角与直线上点的坐标关系引入直线的斜率，从数的角度刻画了直线相对于 x 轴的倾斜程度，并导出了用直线上任意两点的坐标计算斜率的公式，从而把几何问题转化为代数问题。

由于两条直线平行和垂直取决于它们的方向，所以由斜率的关系就可以判断两条直线平行或垂直的关系。

结合以上分析，确定本节的教学重点：两条直线平行和垂直的判定。

2.1.6　教学目标及目标解析

1. 目标

（1）理解两条直线平行和垂直的条件，会用斜率关系判定两条直线平行或垂直。

（2）利用代数方法解决简单的平面几何问题。

2. 目标解析

（1）理解直线的倾斜程度是由倾斜角或斜率来刻画的，对于两条平行直线应具有相同的倾斜程度；对于两条垂直直线，它们的方向向量是垂直的。

（2）解决平面几何问题时，先画出图形，得到直观想象，再选取适当的代数关系加以论证。

3. 素养目标

课程目标	学科素养
1. 理解两条直线平行与垂直的条件。 2. 根据斜率判定两条直线平行或垂直。 3. 利用两直线平行或垂直的条件解决问题。	1. 数学抽象：两条直线平行与垂直的条件。 2. 逻辑推理：根据斜率判定两条直线平行或垂直的关系。 3. 数学运算：利用两直线平行或垂直的条件解决问题。 4. 直观想象：直线斜率的几何意义及平行与垂直的几何直观。

2.1.7 教学问题诊断分析

学生比较容易接受两条直线平行的判定，教师应注重充分性和必要性两个方面的证明，在得出"斜率分别为 k_1，k_2 的两条直线 l_1，l_2 有 $l_1 // l_2 \Leftrightarrow k_1 = k_2$"的结论后，教师应强调这个充要条件是在两条直线的斜率都存在的情况下成立的，这样学生在后面研究垂直关系时就会意识到对特殊情况的讨论。

上一节研究了斜率为 k 的直线的一个方向向量是 $(1, k)$，故而寻求两条直线的垂直关系的充要条件可以是它们的方向向量垂直，这一点与旧课本不同。

本节有四个例题，实际就是平行和垂直与斜率关系的应用，列 2 和例 4 分别是由点坐标判断所确定直线的平行或垂直关系，主要练习用两点坐标求这两点所确定直线的斜率；例 3 和例 5 都是平面几何问题，教学中注意引导学生先画出图形，得到直观想象，再用所学代数方法加以解决。

本节的教学难点是应用代数方法解决几何问题。

2.2 直线的方程

第1课时 直线的点斜式方程

2.2.1 教材、学情分析

1. 教材分析

《直线的点斜式方程》是课本第二章《直线和圆的方程》的第 2.2.1 节，本节在学习直线的倾斜角和斜率的基础上，引导学生根据一个点和斜率求直线方程的过程。在求直线的方程中，直线方程的点斜式是最基本的，直线方程的斜截式、两点式都是由点斜式推出的。在推导直线方程的点斜式时，根据直线这一结论先猜想确定一条直线的条件，再根据猜想得到的条件求出直线的方程。直线的点斜式方程是学习解析几何的基础，更是高考考查内容的基础，重点考查学生的数形结合能力。

2. 学情分析

在知识储备上，通过前面内容的学习，学生已经掌握了直线的倾斜角及斜率的概念，能够明确通过斜率分析直线时应首先考虑直线斜率是否存在，在倾斜角不等于90°的情况下具备计算斜率的公式，初步形成用代数方法研究几何问题的思想，为本节的学习奠定了基础。在心理特征上，高中阶段的学生逻辑思维较初中阶段的学生有了大幅的提升，高中阶段的学生好奇心强，喜欢表现，注意力容易分散，对于数学基础一般的学生来说，他们的解题能力特别是抽象思维的能力比较欠缺，教师应采用生动形象、形式多样的教学方法使学生积极主动地参与到教学中。

2.2.2 教学目标

依据课程标准，同时基于上述分析，确定本节的学科核心素养。

1. 目标与素养

（1）了解直线方程的点斜式、斜截式的形式特点和适用范围。

（2）正确利用直线的点斜式、斜截式公式求直线方程。

（3）体会直线的斜截式方程与一次函数的关系。

2. 情境与问题

复习直线的倾斜角、经过两点的直线的斜率公式以及两直线平行与垂直的判定条件，为学习直线的点斜式方程打下理论基础。

3. 内容与节点

本节在学习直线的倾斜角和斜率的基础上，引导学生根据一个点和斜率求直线方程。在求直线方程的过程中，直线方程的点斜式是最基本的，直线方程的斜截式、两点式都是由点斜式推出的。点斜式方程是其他所有形式方程的基础，也为后面学习直线方程的其他形式打下了坚实的基础。

4. 过程与方法

在已知直角坐标系内确定一条直线的几何要素——直线上一点和直线的倾斜角后，通过师生探讨，推导出直线的点斜式方程，提升学生的数学抽象核心素养；掌握直线的点斜式方程与斜截式方程，会利用直线的点斜式方程和斜截式方程解决有关的实际问题，提升学生的逻辑推理和数学运算核心素养。

2.2.3 教学重难点

重点：直线的点斜式方程和斜截式方程。

难点：直线的点斜式方程和斜截式方程的应用。

2.2.4 教法、学法

1. 教法

本节主要采用"启发诱导""小组合作探究""归纳总结"相结合的教学模式，同时利用多媒体进行辅助，增强动感和直观性。在整个教学过程中，引导学生观察、分析、概括、归纳，使学生思维紧紧围绕问题层层展开，培养学生的学习兴趣，也充分体现以教师为主导，学生为主体的教学理念。

2. 学法

通过本节的教学，不仅要让学生学会知识，还要让学生由学会变为会学，让学生在探究活动中自主探究知识，逐步掌握自主获得知识的学习方法。

第 2 课时　直线的两点式方程

2.2.5　教学目标

（1）掌握直线的两点式方程和截距式方程。

（2）选择适当的方程形式求直线方程。

（3）用直线的两点式方程与截距式方程解答有关问题。

2.2.6　教学重点

重点：掌握直线的两点式方程及截距式方程。

难点：选择适当的方程形式求直线方程。

第 3 课时　直线的一般式方程

2.2.7　教学目标

（1）了解直线的方程与二元一次方程之间的关系。

（2）推导并掌握直线的一般式方程。

（3）正确利用直线的一般式方程解决问题。

（4）过程与方法：让学生通过四种直线方程探究二元一次方程与直线方程之间的关系，得到直线的一般式方程，深化直线的几何特征与方程之间的关系。

（5）情态与价值观：从学生熟悉的问题与思路入手，进一步培养学生联系与推理的能力，渗透数学中普遍存在的相互联系、相互转化等观点，使学生用联系的观点看问题。

2.2.8　教学重难点

重点：推导直线的一般方程式。

难点：探究直线的方程与二元一次方程之间的关系。

2.3　直线的交点坐标及距离公式

第1、2课时　两条直线的交点坐标及两点间的距离公式

2.3.1　教学内容及内容解析

1. 内容

两条直线的交点坐标、两点间的距离公式以及它们的应用。

2. 内容解析

直线的交点坐标与距离公式是运用直线的方程判断两条直线的位置关系，求两条直线相交时交点的坐标，推导点到直线的距离公式、两条平行直线间的距离公式的基础。

求两直线的交点坐标的方法，学生在初中阶段的一次函数中已经学会使用，高中阶段则重新从直线上点的坐标与直线方程的关系的角度切入，加深学生对求交点坐标的本质的理解。在前面学生已经学习了如何利用直线方程来判断两直线的位置关系的基础上，本节通过解两条直线的方程组成的方程组，从解的个数来判断两条直线的位置关系。

距离问题是欧氏几何的基本问题之一，在欧氏几何中，把两点间线段的长度定义为距离。而两点间的距离公式与过两点的直线斜率公式是平面解析几何中两个基本的公式。课本中用向量方法得出平面上两点间的距离公式，同时设置了问题引导学生思考两点间的距离公式是否可以使用勾股定理来解决，使学生了解两种推导两点间距离的方法，并且能够对两种方法进行评价。

运用坐标法解决平面几何问题的主要目的是培养学生数形结合的数学思

想。将坐标语言的表述应用于平面几何问题有助于培养学生的直观想象、数学运算素养。通过对平面几何问题的解决，使学生学会应用原理、公式，并通过练习达到熟练掌握运算方法、技巧的目的。

结合以上分析，确定本节的教学重点：求两条直线的交点坐标，判断两直线的位置关系，求两点间的距离。

2.3.2 教学目标和目标解析

1. 目标与学科素养

目标：

（1）理解用解方程组的方法求两条相交直线的交点坐标。

（2）了解根据方程组的解的个数判定两条直线的位置关系。

（3）掌握平面上两点间的距离公式。

（4）理解用坐标法证明简单的平面几何问题。

素养：

（1）数学抽象：掌握平面内两点间的距离公式。

（2）数学运算：求两直线的交点坐标，判断两直线的位置关系，求两点间的距离。

（3）数学建模：用坐标法解决平面几何问题。

2. 目标解析

（1）列出方程组，并能正确求出两直线的交点坐标。

（2）根据方程组解的个数判断两直线的位置关系。

（3）运用公式求出两点间的距离。

（4）根据题意，建立合适的平面直角坐标系，完成对平面几何问题的证明。

2.3.3 教学问题诊断分析

学生在初中阶段的一次函数中已经能够解决求两直线交点的问题，在《直线的方程》一节中也学习了如何用直线的方程来判断两直线的位置关系。本节从曲线上的点与曲线方程的关系入手，揭示用解方程组法求两直线交点坐标的本质。由于前面学生已有知识的铺垫，理解这一点应该不太困难。从两曲线公

221

共点个数来判断它们的位置关系是几何中的重要方法，在后面关于解析几何的位置关系问题的研究中还要多次出现，要让学生理解这种判断两曲线位置关系的思路，从而理解通过方程组解的个数来判断两直线位置关系的方法。

学生在必修课程中已经接触过根据已知起点坐标和终点坐标的向量求解模长的问题，这实际上为本节两点间的距离公式提供了基础。实际上，本节的两点间距离公式就是通过求一个向量的模长来证明的。因此，两点间距离公式的推导和记忆都不会对学生造成太大的认知障碍。但是对于两点间距离公式的应用会给学生带来一些困扰：首先，运算量会稍大一些；其次，对于简单的平面几何问题的证明，是否想到通过建系用坐标法解决、怎样建系以及建系后的运算都会使学生的学习产生困难。

本节的教学难点是用坐标法解决平面几何问题。

第3课时　点到直线的距离公式

2.3.4　教学内容及内容解析

1. 内容

点到直线的距离公式。

2. 内容解析

在前面已经研究了两点间的距离公式、直线方程、两直线的位置关系，也介绍了"以数论形，以形辅数"的数学思想方法。点到直线的距离是从初中平面几何的定性作图过渡到了解析几何的定量计算；点到直线的距离的研究又为以后直线与圆的位置关系和圆锥曲线的进一步学习奠定了基础，具有承前启后的重要作用。

结合以上分析，确定本单元的教学重点：点到直线的距离公式的推导思路分析，点到直线的距离公式的应用。

2.3.5　教学目标及目标解析

1. 目标

（1）会用向量工具推导点到直线的距离公式。

（2）理解点到直线的距离公式，能应用点到直线的距离公式解决有关距离问题。

（3）通过点到直线的距离公式的探索和推导过程，培养学生运用等价转化、数形结合等数学思想方法解决问题的能力。

2. 目标解析

（1）了解点到直线的距离公式的推导过程。

（2）掌握点到直线的距离公式的应用。

（3）通过点到直线的距离公式的探索和推导过程，培养运用等价转化、数形结合等数学思想方法解决问题的能力，在学会知识的过程中，进一步提高用解析法解决图形问题的能力。

（4）通过公式推导思路的探索、评价，优化思维品质，培养辩证统一的思想。

（5）领会事物之间在一定条件下的转化关系，用联系的观点看问题，培养团队合作精神、锲而不舍的钻研品质和勇于探究的科学精神。

2.3.6 教学问题诊断分析

高二年级学生已掌握了三角函数、平面向量等有关知识，具备了一定的利用解析法研究几何问题的能力。高二学生基础知识较扎实、思维较活跃，但处理抽象问题的能力还有待进一步提高，因此本节采用类比发现式教学法、启导法、讲练结合法、题组教学法等方式教学。

利用解析法推导公式时，由于字母较多，运算量大，学生在具体的运算过程中容易产生畏难情绪，半途而废，教学中可以采取课前预习、小组讨论、学生展示等手段加以突破；学生对几何法中的构造直角三角形感到比较困难，教学中可以采取推导复习两点间距离公式、类比的方法加以突破；学生不容易想到几何向量法，教学中可以采取启导法、小组讨论法，让学生领会"设点不求点"的解题思路。本节的教学难点是点到直线的距离公式的推导及不同方法的思路分析。

第4课时　两条平行直线间的距离

2.3.7　教学内容及内容解析

1. 内容

两条平行直线间的距离。

2. 内容解析

本节内容是在学习两点间距离公式和点到直线距离公式后的又一重要内容，学生要学会求两条平行直线间的距离。从学生已有的知识与经验看，可以把两条平行直线间的距离问题转化为点到直线的距离问题，进而得到求两条平行直线间距离的一般结论。通过本节的教学，学生在推导两条平行直线间的距离公式时，体会化归与转化的数学思想。由浅入深、由特殊到一般地研究数学问题，可以发散学生思维，体现了逻辑推理和数学运算的数学学科素养。

结合以上分析，可以确定本单元的教学重点：两条平行直线间距离的求法。

2.3.8　教学目标和目标解析

1. 目标

会求两条平行直线间的距离。

2. 目标解析

（1）借助点到直线的距离公式，能够求出两条平行直线间的距离。

（2）通过对两条平行直线间距离的一般结论的推导，学生能够运用此结论解决问题。

2.3.9　教学问题诊断分析

学生已经学习了点到直线的距离公式，两条平行直线间的距离可以看作点到直线距离公式的一个应用，学生掌握并不困难。但是对于发现并推导两条平行直线间的距离的一般结论，学生在学习过程中会存在一定的困难。在应用此一般结论解决问题时，需要注意两条平行直线的一般式方程中 x，y 的系数对应相等。因此，本节的教学难点是两条平行直线间的距离的一般结论的推导与应用。

2.4　圆的标准方程

2.4.1　教学内容及内容解析

1. 内容

圆的标准方程。

2. 内容解析

圆是学生熟悉的基本平面曲线，可以说圆是最简单的封闭"曲线形"。学生在初中已经学习过圆的一些性质，现在学习在平面直角坐标系中研究圆：根据圆的几何要素建立圆的方程，通过圆的方程，运用坐标法解决一些与圆有关的简单问题。圆的方程的知识是平面解析几何的基础知识，圆的方程具有广泛的应用。

结合以上分析，确定本节的教学重点：掌握圆的标准方程；教学难点：圆的标准方程的应用。

2.4.2　教学目标和目标解析

1. 目标

（1）掌握并确定圆的几何要素，探索并掌握圆的标准方程，利用圆的定义推导圆的标准方程，培养数学抽象、逻辑推理、数学建模的学科素养。

（2）根据所给条件求出圆的标准方程，培养数学运算的学科素养。

（3）掌握点与圆的位置关系，并能解决相关问题，培养数学运算的学科素养。

2. 目标解析

通过本节的学习，掌握圆的标准方程的基本知识，能根据圆心坐标和圆的半径熟练地求出圆的标准方程，能从圆的标准方程快速得出圆心坐标、半径。对圆与圆的方程关系的研究，丰富了学生对曲线与方程之间一一对应关系的认识。从大的范围看，这种一一对应反映了数量关系与空间形式之间的关系。有了这种关系，学生可以用方程表示曲线，建立方程的几何直观表达，把方程形象化。

2.4.3　教学问题诊断分析

本节内容是学生在初中所学知识的基础上，学习在平面直角坐标系中建立圆的方程，以及它与其他图形的位置关系及其应用。在这一过程中，让学生进一步体会数形结合的思想，形成用代数的方法解决几何问题的能力。同时，由于圆是特殊的圆锥曲线，因此，学习圆的方程可以为后面学习其他圆锥曲线的方程奠定基础。也就是说，本节内容在课本内容体系中起着承上启下的作用，具有重要的地位。坐标法不仅是研究几何问题的重要方法，而且是一种广泛应用于其他领域的重要数学方法：通过坐标系，把点和坐标、曲线和方程联系起来，实现了形和数的统一。

本节的三个例题探究的内容都涉及圆的标准方程。它们由简单到复杂，具有一定的层次性：例1是根据圆的标准方程判断平面直角坐标系中任意一点是否在圆上，进一步探究点在圆内、圆外的条件。例2是由三角形求其外接圆的标准方程，用的方法是待定系数法。在解方程求未知数的过程中，课本使用的方法是把标准方程展开，通过把三个方程两两相减得到二元一次方程组，解出未知数。这道题可以引导学生用数形结合的思想，将数学运算与直观想象结合起来，尝试用几何关系求解代数问题，简化数学运算，为例3的顺利进行做好铺垫。例3是由任意两点以及圆心的动态变化，结合图形的几何特征求圆的标准方程。此类问题有多种解决方法，待定系数法、几何关系法都可以。在教学过程中要让学生比较两种方法的差异，进一步体会待定系数法。通过例题的讲解，让学生知道，在解决平面解析几何问题的过程中，要综合运用所学的数学知识，让学生掌握代数方法，灵活应用几何关系化解数学问题，从而解决本节的教学重点与难点。

2.5 直线与圆、圆与圆的位置关系

第1课时 直线与圆的位置关系

2.5.1 教学目标

（1）知识与技能：根据给定直线、圆的方程，判断直线与圆的位置关系。

（2）过程与方法：通过具体例题探究直线与圆的位置关系，经历利用点到直线距离来判断直线与圆位置关系的过程，学会求弦长的方法。

（3）情感态度与价值观：通过观察图形，理解并掌握直线与圆的位置关系，培养数形结合的思想。

2.5.2 教学重难点

重点：运用直线和圆的方程判断直线与圆的位置关系。

难点：运用直线和圆的方程解决简单问题。

2.5.3 教学过程设计

引导学生回顾初中学习平面几何的经验，以及本章前面所学的内容，提出本节研究的问题：利用直线和圆的方程，通过定量计算，判断直线与圆的位置关系。

1. 直线的方程有几种形式

（1）直线的点斜式方程：$y - y_0 = k(x - x_0)$。

（2）直线的斜截式方程：$y = kx + b$。

（3）直线的两点式方程：$\dfrac{y - y_1}{y_2 - y_1} = \dfrac{x - x_1}{x_2 - x_1}$（其中 $x_1 \neq x_2, y_1 \neq y_2$）。

（4）直线的截距式方程：$\dfrac{x}{a} + \dfrac{y}{b} = 1$（其中 $a \neq 0, b \neq 0$）。

（5）直线的一般式方程：$Ax + By + C = 0$。

2. 圆的方程有几种形式

（1）圆的标准方程：$(x - x_0)^2 + (y - y_0)^2 = r^2$。

（2）圆的一般式方程：$x^2 + y^2 + Dx + Ey + F = 0$（其中 $D^2 + E^2 - 4F > 0$）。

3. 点到直线的距离公式是什么

$$d = \dfrac{|Ax_0 + By_0 + C|}{\sqrt{A^2 + B^2}}。$$

4. 直线与圆有几种位置关系

（1）直线与圆相交。

（2）直线与圆相切。

（3）直线与圆相离。

5. 怎样判断直线与圆的位置关系

（1）直线和圆相交，有两个公共点。

（2）直线和圆相切，有一个公共点。

（3）直线和圆相离，没有公共点。

对于直线与圆相切，可以从它们只有一个公共点的情况进行判断，但对于一般曲线，用直线与曲线的公共点个数来判断直线与曲线的位置关系却不一定正确。通过直观感知、操作确认、度量计算等方法判断位置关系是定性描述，我们学习了直线和圆的方程，如何利用曲线的方程把几何问题转化为代数问题，通过代数方法研究几何性质，定量刻画它们之间的位置关系呢？

第2课时　圆与圆的位置关系

2.5.4　教学内容及内容解析

1. 内容

圆与圆的位置关系。

2. 内容解析

图形之间的位置关系既可以直观定性描述，也可以严格定量刻画。定量刻画的方法既可以完全运用代数方法，通过运算求解，得到图形的性质，也可以综合使用几何方法、代数方法，得到图形的性质。

本节教学应引导学生根据初中学习图形与几何的经验，类比直线和圆的位置关系，研究圆与圆的位置关系。

结合以上分析，确定本单元的教学重点：运用圆的方程判断圆与圆的位置关系。

2.5.5 教学目标和目标解析

1. 目标

（1）用圆的方程判定两圆的位置关系。

（2）利用坐标法解决简单的平面几何问题。

2. 目标解析

（1）将两个圆的方程联立方程组，并通过降次和消元得到一个一元二次方程，通过判断方程判别式大于 0、等于 0 或小于 0 分别得出两圆相交、相切或相离；通过圆的方程得到圆心坐标和半径长，比较圆心距和两半径和差大小来判断两圆相交、外切、内切、外离或内含的关系。

（2）知道两圆相交时，两个圆的方程消去二次项后得到的二元一次方程的几何意义；能表示出经过两圆的交点的所有圆的方程。

2.5.6 教学问题诊断分析

上一节研究了如何利用直线和圆的方程判断它们的位置关系，学生容易类比得到判断圆与圆位置关系的方法。因此，教学重点应让学生注意两个圆的方程消元后得到的一元二次方程的判别式小于 0 或等于 0，只能判断出两圆相离或相切，无法具体判断两圆是外离（外切）还是内含（内切）。这就很自然地引出用圆心距和半径和差来具体判断。

课本本节的例 5 选取对两圆相交的判断，意在让学生知道解二元二次方程组的一般流程，还有当两圆相交时，公共弦所在直线方程的求法，求两圆的交点坐标也是方法二所不能做到的。

例 6 是探求满足某种几何条件的动点的轨迹问题，是对前面介绍的坐标法解决平面几何问题的"三部曲"的再应用，教师要引导学生学会建立坐标系，把几何条件代数化，最后将代数方程翻译为几何轨迹。这个问题的解决为下一章圆锥曲线方程的推导做准备。

本节的教学难点是应用代数方法解决几何问题。

第三章

圆锥曲线的方程

【课时安排】

内容	课时	具体安排
3.1 椭圆	4	章引言、椭圆的概念与椭圆标准方程的建立第 1 课时，巩固和深化椭圆的概念与椭圆的标准方程第 2 课时，探究椭圆的简单几何性质第 3 课时，椭圆的标准方程及其简单几何性质的综合运用第 4 课时
3.2 双曲线	3	双曲线的概念及其标准方程第 1 课时，双曲线的简单几何性质第 2 课时，双曲线的应用第 3 课时
3.3 抛物线	3	抛物线及其标准方程第 1 课时，抛物线的简单几何性质第 2 课时，抛物线的应用第 3 课时
合计	10	

【本章知识结构框图（来自教参）】

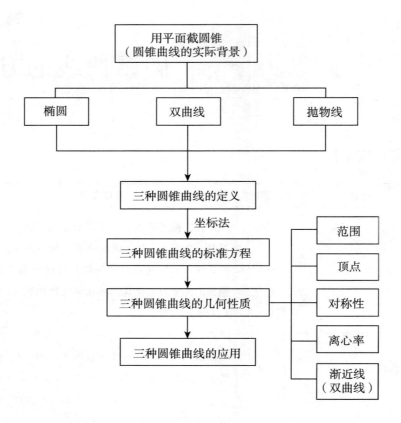

3.1 椭 圆

3.1.1 教学内容及内容解析

1. 内容

本节的知识结构如下：

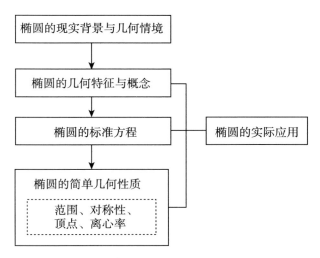

本节建议教学用时为 4 课时：第 1 课时是章引言、椭圆的概念与椭圆标准方程的建立；第 2 课时是巩固和深化椭圆的概念与椭圆的标准方程；第 3 课时是探究椭圆的简单几何性质；第 4 课时是椭圆的标准方程及其简单几何性质的综合运用。

2. 内容解析

本节的内容是在学生学习直线和圆的方程的基础上，首先抽象椭圆的几何特征，接着建立它的标准方程，最后利用方程研究它的几何性质，并利用它们解决简单的实际问题。从知识的前后联系看，本节是坐标法的进一步运用，所要解决的仍然是解析几何的"两个基本问题"：建立曲线的方程，通过方程研究曲线的几何性质。

从本章知识的内部结构看，椭圆、双曲线、抛物线的研究背景、研究问题、研究方法具有高度的相似性，因而本节的学习在全章的学习中具有基础作用。在本节"椭圆的概念"部分，让学生先在问题"椭圆具有怎样的几何特性？"的引领下进行画图操作，从中发现椭圆的几何特征，进而获得椭圆的概念，明确研究的基础与出发点。"椭圆的标准方程"部分，先根据椭圆的几何特征建立坐标系，然后通过代数运算得到椭圆的标准方程。"椭圆的简单几何性质"部分，在明确要研究的性质的基础上，通过椭圆的方程研究椭圆的范围、对称性、顶点、离心率等。上述过程体现了研究圆锥曲线的一般思路和方法，包括如何发现曲线的几何特征、如何建立适当的坐标系、如何简化与优化方程、研究曲线的哪些性质、如何运用方程进行研究等。

本节最重要、最根本的数学思想方法是坐标法。另外，在解决问题的过程中，数形结合、类比、特殊化与一般化、转化与化归等方法也发挥着重要作用。本节的学习有助于学生学会合乎逻辑地、有条理地、严谨精确地思考和解决问题，有助于发展学生数学抽象、数学建模、逻辑推理、数学运算、直观想象等素养。

基于以上分析，确定本节的教学重点：椭圆的概念、标准方程与简单几何性质、研究椭圆的思路和方法。

3.1.2 教学目标及目标解析

1. 目标

（1）了解圆锥曲线的实际背景，如行星运行轨迹、抛物运动轨迹、探照灯的镜面，了解圆锥曲线在刻画现实世界和解决实际问题中的作用。

（2）经历从具体情境中抽象出椭圆的过程，掌握椭圆的定义、标准方程及简单几何性质。

（3）了解椭圆的简单应用。

2. 目标解析

（1）通过观察平面截圆锥认识到：当平面与圆锥的轴所成的角不同时，可以分别得到圆、椭圆、双曲线和抛物线；能通过实例知道圆锥曲线在生产、生活中有广泛的应用。

（2）通过实际绘制椭圆的过程认识椭圆的几何特征，给出椭圆的定义；通过建立适当的坐标系，根据椭圆上的点满足的几何条件列出椭圆上的点的坐标满足的方程，化简所列出的方程，得到椭圆的标准方程；在直观认识椭圆的图形特点的基础上，用椭圆的标准方程推导出椭圆的范围、对称性、顶点、离心率等简单几何性质；用椭圆的定义、标准方程及简单几何性质解决简单的问题；通过椭圆与方程的学习，体会建立曲线的方程、用曲线的方程研究曲线的性质的方法，发展数学抽象、直观想象、数学运算、逻辑推理素养。

（3）通过将关于椭圆的实际问题转化为关于椭圆的数学问题，运用椭圆的定义、标准方程及简单的几何性质解决关于椭圆的数学问题，从而解决关于椭圆的实际问题，发展数学建模素养；类比用直线的方程与圆的方程研究直线与圆的位置关系，用直线的方程与椭圆的标准方程研究直线与椭圆的位置关系，知道直线与椭圆的公共点的个数与直线的方程与椭圆的标准方程组成的方程组的解的个数的关系，进一步体会用方程研究曲线的方法。

3. 素养目标

		行为方面		核心素养		
		1	2	1	2	3
内容方面	1. 动手操作	让学生通过小组合作进行画图操作，在曲线的形成过程中产生对椭圆特征的感性认识	引导学生观察、想象、概括，激发学生探索发现的兴趣	数学抽象	逻辑推理	直观想象
	2. 概念形成（一）	引导学生观察、讨论，提炼、概括动点满足的几何条件	在教师的引导下，学生尝试给椭圆下定义，并互相修正、补充完善定义的表达	逻辑推理	数学建模	
	3. 概念剖析（一）	学生以画出的椭圆为研究对象，思考如何由定义推理判断"椭圆具有轴对称性和中心对称性"的猜想	这个活动促进了学生对椭圆定义中的本质几何属性的理解，培养了学生基于概念理解问题的思维意识与习惯	抽象概括	推理论证	
	4. 概念形成（二）	用具体的问题引导学生对椭圆的方程进行研究，让学生在具体的问题情境中感受椭圆的范围、对称性、顶点等简单几何性质	让学生体会研究方法及其蕴含的数学思想，继而用这些思想和方法研究一般的椭圆的几何性质，体现了从特殊到一般的数学研究方法	逻辑推理	直观想象	

续　表

		行为方面		核心素养		
		1	2	1	2	3
内容方面	5. 概念剖析（二）	让学生先思考方程的代数特征，并把每个代数特征用几何语言表示，再让学生思考课本中的问题，并回答	教师评析后先让学生阅读课本内容，并让学生思考如何画出这个椭圆的图像，最后总结从方程的角度观察曲线的对称性、曲线的顶点、曲线的范围的思想方法	数学运算	逻辑推理	

3.1.3　教学重难点

重点：椭圆的几何特征，椭圆的标准方程，椭圆的几何性质。

难点：椭圆几何特征的发现，椭圆标准方程的推导。

3.1.4　教学问题诊断分析

学生对坐标法已有初步的认识，通过直线和圆的方程的学习，对用坐标法研究曲线的基本思路与方法已有了解，但还不善于自觉运用坐标法，在学习中可能会遇到如下难点：

难点一：如何抽象出椭圆的几何特征。在画椭圆的过程中，笔尖将细绳分为两段，它们都不是定长，但它们的总长是这根细绳的长（定长），进而抽象出动点满足的几何条件是动点到两定点的距离之和为定长。

难点二：如何建立适当的直角坐标系。对此，教学中应明确"适当"的"标准"是所得方程简单，能较好地反映曲线的性质；"适当"的方法是尽可能使曲线关于原点和坐标轴对称。通过观察椭圆可知，它具有对称性，并且过两定点的直线就是它的对称轴，在此基础上建立"适当的直角坐标系"。

难点三：如何化简由椭圆的几何特征直接得到的方程。化简这个方程需要两次两边平方，并且涉及的字母较多，对学生的运算能力要求较高。对此，教学应强化思维的"预测功能"：如果两边直接平方，后续的运算会怎样；如果先移项后两边平方，后续的运算又会怎样。

难点四：如何通过椭圆的标准方程研究椭圆的几何性质。学生通过方程研究曲线的几何性质还是第一次，在研究什么、如何研究这两个问题上仍然有困难。对此，应通过直观感知提出研究问题、猜想初步结论，再通过方程验证猜想；应让学生充分感受如何基于方程、基于逻辑推理得出曲线的性质，感受方程的代数特征与曲线的几何特征的内在一致性。

难点五：用什么样的量刻画椭圆的扁平程度。教学中让学生知道 $\dfrac{c}{a}$ 与 $\dfrac{b}{a}$ 都能刻画椭圆的扁平程度；通过分析 a , b , c 的几何意义及产生顺序，以及这两个式子哪个更能揭示椭圆的本质，得出结论，确定选用 $\dfrac{c}{a}$ 。

本节的教学应充分发挥信息技术的作用，包括演示用平面截圆锥得到圆锥曲线的过程，演示椭圆的离心率对椭圆的扁平程度的刻画等。

3.2　双曲线

3.2.1　教学内容及内容解析

1. 内容

本节的知识结构如下：

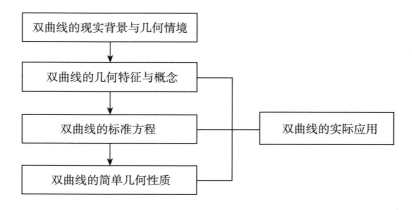

本节建议教学用时为 3 课时：第 1 课时是双曲线的概念及其标准方程的建立；第 2 课时是双曲线的简单几何性质；第 3 课时是双曲线的应用。

2. 内容解析

双曲线是一种重要的圆锥曲线，在生活中有着广泛应用。上一节学生已经学习了椭圆，基本掌握了椭圆的有关知识及其研究方法，而双曲线的研究方法与步骤和椭圆相同，它们的标准方程也非常相似，可以进行知识的正迁移。具体到双曲线的探究过程，较椭圆而言，从直观图形轨迹到抽象概念的形成，一些细节问题的处理要求学生有更细致入微的分析能力和更强的领悟性，因此学生概括起来有更大的难度。

对于由双曲线的标准方程研究双曲线几何性质的方法及相关的结论，教学中，教师可以类比椭圆几何性质的研究方法，引导学生自主探究双曲线的几何性质，如范围、对称性顶点和离心率，要重点指出椭圆和双曲线几何性质的区别和联系。同时要注意：这里不主张利用双曲线的图形去"观察"得出双曲线的几何性质。

基于以上分析，确定本节的教学重点：双曲线的概念、标准方程与简单几何性质，研究双曲线的思路和方法。

3.2.2 教学目标及目标解析

1. 目标

（1）借助信息技术绘制曲线，抽象出双曲线的定义。

（2）类比椭圆，学会推导双曲线的标准方程，进一步理解研究几何图形的坐标方法。

（3）研究并掌握双曲线的简单几何性质。

2. 目标解析

（1）双曲线是具有广泛应用的一种圆锥曲线，如发电厂冷却塔的外形、通过声音时差测定位等都要用到双曲线的性质，本节将类比椭圆的研究方法研究双曲线的有关问题。

（2）将双曲线的学习作为迁移椭圆研究方法的实践载体。椭圆是到两个定点的距离之和为常数的点的轨迹，在数学的潜意识下，联想若"和"变为"差"会怎样呢？引出课本中新的数学探究问题："与两个定点的距离之差为非零常数的点的轨迹是什么呢?"接下来与探究椭圆的轨迹类似,设计动手操作活动。

（3）在得出双曲线的定义之后,课本仿照求椭圆标准方程的方法,根据双曲线的定义选择恰当的平面直角坐标系来求双曲线的标准方程。课本非常明确地表达了一种研究的思维方式——类比椭圆的研究方法研究双曲线的标准方程。同样地,课本仿照椭圆的简单几何性质的讨论方法来研究双曲线的简单几何性质。

3. 素养目标

<table>
<tr><td rowspan="3"></td><td rowspan="2"></td><td colspan="2">行为方面</td><td colspan="3">核心素养</td></tr>
<tr><td>1</td><td>2</td><td>1</td><td>2</td><td>3</td></tr>
</table>

<table>
<tr><td rowspan="3">内容方面</td><td>1. 动手操作</td><td>让学生借助信息技术手段,尝试画出符合条件的点的轨迹。让学生观察、讨论,提炼、概括动点满足的几何条件</td><td>通过实际操作、演示,让学生观察,激发学生探究的兴趣,发展学生的数学抽象素养</td><td>数学抽象</td><td>逻辑推理</td><td>直观想象</td></tr>
<tr><td>2. 概念形成（一）</td><td>让学生尝试归纳、补充、交流、表达、思考提出的问题,准确理解双曲线的几何特征</td><td>在前述分析的基础上,让学生自己抽象双曲线的定义,培养其数学抽象素养</td><td>逻辑推理</td><td>数学抽象</td><td></td></tr>
<tr><td>3. 概念剖析（一）</td><td>课本仿照求椭圆标准方程的方法,根据双曲线的定义选择恰当的平面直角坐标系来推导双曲线的方程</td><td>让学生类比椭圆方程的推导,自主练习,培养学生的数学运算素养</td><td>抽象概括</td><td>推理论证</td><td></td></tr>
</table>

续　表

		行为方面		核心素养		
		1	2	1	2	3
内容方面	4. 概念形成（二）	类比椭圆几何性质的研究方法，引导学生自主探究双曲线的几何性质，如范围、对称性、顶点和离心率	重点指出椭圆和双曲线几何性质的区别和联系。同时要注意：这里不主张利用双曲线的图形去"观察"得出双曲线的几何性质	逻辑推理	直观想象	
	5. 概念剖析（二）	研究双曲线的几何性质，主要是围绕双曲线的"六点"（两个焦点、两个顶点、两个虚轴的端点）、"四线"（两条对称轴、两条渐近线）、"两个三角形"（以中心、一个焦点及虚轴的一个端点为顶点的三角形和焦点三角形）来研究它们之间的相互联系	教师可以引导学生对椭圆与双曲线的标准方程、图形和性质进行对比总结	数学运算	逻辑推理	

3.2.3　教学重难点

重点：双曲线的几何特征，双曲线的标准方程，以及它的简单几何性质。

难点：双曲线的形成及其渐近线的发现。

3.2.4 教学问题诊断分析

1. 用类比的方法学习

学生在学习了椭圆之后，已经具备了一定的解析几何的研究经验，因此，在教学中可以通过类比椭圆研究的过程与方法来探究双曲线的知识，这样做既能让学生更容易地掌握双曲线的知识，又能提升学生的学习能力，还能让学生整体把握数学知识，理解知识的本质和规律。为此，在具体实施过程中，教师要给学生留有充分的时间进行思考和交流，切不可急躁，切不可忙于提示。

2. 学好、用好渐近线

渐近线是双曲线特有的性质，它是刻画、理解双曲线的重要概念，而这一性质理解起来稍有困难。

（1）运用特例和信息技术帮助学生理解渐近线。

双曲线的渐近线是学习的难点，椭圆没有这个性质，学生要发现这一性质一般依赖画图，图画准确才能比较直观。课本为此做了设计，首先让学生画一个具体的双曲线，接着通过"思考交流"提出双曲线逼近直线的问题，最后揭示双曲线渐近线的性质。在教学中可以按照这样的思路设计教学活动，可以从两方面帮助学生理解渐近线：第一，借助直观的图形，让学生利用信息技术手段多算出一些双曲线在第一象限内的点的坐标，然后画出更为准确的图像，接下来观察双曲线的变化规律，不难发现这些点越靠右越逼近于一条直线；第二，研究在第一象限内双曲线标准方程变形的解析式 $y = \frac{1}{2}\sqrt{x^2 - 1}\,(x \geqslant 1)$，$|x| \to + \infty$时，$\frac{1}{2}\sqrt{x^2 - 1}$ 无限逼近于 $\frac{1}{2}x$。

（2）用渐近线理解双曲线的特征。

双曲线的图形是无界的，我们画的任何双曲线都是局部的，没画出的部分是什么样的呢？得到渐近线之后，就可以借助渐近线正确想象双曲线的整体形状。另外，在渐近线出现之后，双曲线标准方程中的参数 b 也有了几何解释，不再只是为了简化方程的形式而进行的换元（$b^2 = c^2 - a^2$）。在学习中，学生不仅要将渐近线作为一个知识点进行学习，还要学会通过渐近线进一步理解双曲线的定义及其标准方程。

3.3 抛物线

3.3.1 教学内容及内容解析

1. 内容

本节的知识结构如下：

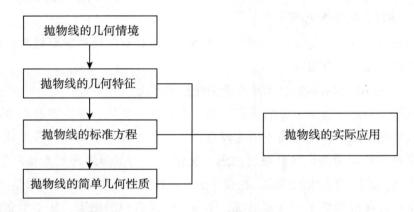

本节主要包括抛物线的概念、标准方程及其简单应用等内容。

2. 内容解析

抛物线是平面内到定点的距离与到定直线的距离相等的点的轨迹。其中的定点、定直线（不经过定点）是确定抛物线的几何要素，这一概念反映了抛物线的几何特征。根据抛物线的概念，类比椭圆、双曲线标准方程的获得过程，通过建立适当的平面直角坐标系，用坐标法推导抛物线的标准方程。由于焦点的位置不同，抛物线标准方程的形式也不同。此时，要根据抛物线的位置，充分运用坐标法，对方程的形式进行转化，获得焦点分别在 x 轴负半轴、y 轴正半轴、y 轴负半轴上的抛物线的标准方程。通过抛物线的标准方程，结合抛物线的概念，可以研究抛物线的几何性质及其简单应用，特别是过焦点的直线的有关性质。上述过程体现了研究圆锥曲线的一般过程。

本节包含的核心思想方法还是坐标法，这在结合抛物线的几何特征，推导抛物线标准方程的过程中得到了充分展示。另外，还有多种研究方法，如类比椭圆、双曲线的研究过程与方法；在观察图形特征的基础上形成抛物线的概念；在坐标系中研究焦点位置不同的抛物线得到的标准方程不同，用到了分类讨论的思想；求解课本中的两个例题时使用了待定系数法；对二次函数的图像为什么是抛物线的研究用到了化归与转化思想；等等。

基于以上分析，确定本节的教学重点：抛物线的概念和标准方程的建立。

3.3.2 教学目标及目标解析

1. 目标

（1）从几何情境中认识抛物线的几何特征，给出抛物线的定义，发展直观想象素养。

（2）类比椭圆、双曲线的标准方程的建立过程，运用坐标法推导出抛物线的标准方程，并能用它解决简单的问题，进一步掌握建立曲线方程的方法，发展直观想象、数学运算素养。

2. 目标解析

（1）通过绘制抛物线的过程，确定抛物线上的点满足的几何条件，明确抛物线的几何特征，形成抛物线的概念。

（2）认识建立抛物线标准方程的过程与建立椭圆、双曲线标准方程的过程是类似的；通过建立适当的坐标系，根据抛物线上的点满足的几何条件列出抛物线上的点的坐标满足的方程，化简列出的方程，得到抛物线的标准方程，并能用它解决简单的问题，进一步掌握建立曲线方程的方法。

3. 素养目标

内容方面		行为方面		核心素养		
		1	2	1	2	3
内容方面	1. 实例引入	学生跟随教师的引导进入情境	结合日常生活中的实例以及初中学习过的二次函数，引导学生思考，明确学习任务	数学抽象	逻辑推理	直观想象

续 表

		行为方面		核心素养		
		1	2	1	2	3
内容方面	2. 动手实践	学生按照教师展示的步骤，利用教师提供的学具，以小组为单位合作探究，讨论点 P 满足的几何条件	让学生通过轨迹的作图过程获得感性认识，在实践中抽象、概括抛物线的几何特征，培养学生数学观察的能力	逻辑推理	数学建模	
	3. 概念形成（一）	在实践、小组交流讨论的基础上，全班进行交流。在交流的过程中，学生之间互相修正、补充认识，调整表达	培养学生交流、表达的能力。在教师严谨的板书示范下，规范学生的数学语言	抽象概括	推理论证	
	4. 概念剖析（一）	学生讨论、交流	让学生加深对抛物线几何特征的理解，学会用集合语言定义抛物线	逻辑推理	直观想象	
	5. 概念形成（二）	采用小组合作的教学方法，根据课本提供的讨论思路层层设问，让学生分组讨论，得出结论后汇报成果	教师应注重鼓励学生，多引导学生间进行合作交流，培养学生合作学习的意识，让学生体验成功带来的喜悦	数学抽象	逻辑推理	

续 表

内容方面		行为方面		核心素养		
		1	2	1	2	3
内容方面	6. 概念剖析（二）	采用问题串的形式，引导学生通过具体问题的解决来探究抛物线的几何性质	让学生探究抛物线的几何性质，以讨论椭圆、双曲线几何性质的方法为基础，但要注意抛物线的几何性质与椭圆、双曲线的几何性质的差别	逻辑推理	数学建模	

3.3.3　教学重难点

重点：抛物线的概念和标准方程的建立。

难点：抛物线几何特征的发现。

3.3.4　教学问题诊断分析

学生对抛物线的认知基础是对二次函数图像的直观感知，但是并不知道抛物线的几何特征。确定抛物线的几何要素是一个定点和一条定直线，这与确定椭圆与双曲线的几何要素不同。相比而言，椭圆与双曲线的几何特征在具体情境中较为明显，而抛物线的几何特征在具体情境中较为隐蔽，学生不容易发现。

基于教学问题诊断分析，可使用信息技术工具获得抛物线，通过坐标以及距离的变化认识抛物线的几何特征，引导学生在操作中观察，在观察中分析曲线的几何特征。

选择性必修第二册

第四章

数　列

【课时安排】

内容	课时	具体安排
4.1 数列的概念	2	数列的概念和表示第 1 课时，数列的前 n 项和公式第 2 课时
4.2 等差数列	4	等差数列的概念和表示第 1 课时，等差数列的性质第 2 课时，等差数列的前 n 项和公式的推导及应用第 3 课时，等差数列的综合应用第 4 课时
4.3 等比数列	4	等比数列的概念和表示第 1 课时，等比数列的性质第 2 课时，等比数列的前 n 项和公式的推导及应用第 3 课时，等比数列的综合应用第 4 课时
4.4 数学归纳法	2	数学归纳法的原理第 1 课时，数学归纳法的应用第 2 课时
4.5 小结	2	数列的性质以及求通项数列的常用方法第 1 课时，数列求和的常用方法第 2 课时
合计	14	

【本章知识结构框图】

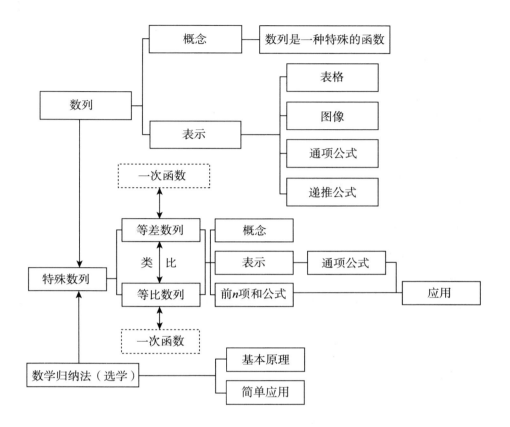

4.1 数列的概念

4.1.1 教学内容及内容解析

1. 内容

本节的知识结构如下：

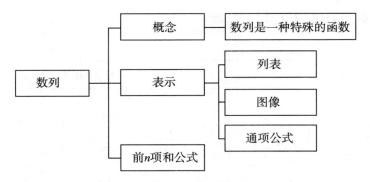

本节包括数列的概念、数列的表示、数列的前 n 项和公式，它们是中学数学中的重要内容。本节共 2 课时：第 1 课时的主要内容是数列的概念和表示，第 2 课时的主要内容是数列前 n 项和公式。

2. 内容解析

本节是本章的基础，介绍了数列的一般概念。由于数列是一种特殊的函数，所以本节内容与函数的一般概念的研究内容类似，包括数列的定义和表示方法等，以及数列所特有的递推公式和前 n 项和公式的定义。

4.1.2　教学目标及目标解析

1. 目标

（1）理解数列的概念，体会数列的顺序性。

（2）了解数列和函数之间的关系，体会数列中项和序号之间的变量关系。

（3）了解递推公式是给出数列的一种方法，并能根据递推公式写出数列的前几项。

（4）了解通项公式的意义和分类，对于比较简单的数列，能够根据其前几项的特点写出它的一个通项公式。

（5）由数列的递推公式得到数列的通项公式。

（6）理解 a_n 和 S_n 的关系，以及两者之间的互相转化。

（7）掌握递增数列和递减数列的判断方法，以及和函数单调性的区别。

（8）通过建立数列模型解决数列的实际问题。

2. 目标解析

（1）结合课本（《数学　选择性必修　第二册　A 版》）第 2 页中的实际

问题，理解课本第 3 页中的数列的概念及其性质。

（2）解答与课本第 4 页中例 1 类似的题目。

（3）结合课本第 5 页中的例 2，理解数列通项公式的不唯一性。

（4）结合课本第 5 页至第 7 页中的例 3、例 4 和例 5，根据递推公式和通项公式求数列中的项，以及通过观察数列中的项分析归纳出数列的规律并总结出通项公式。

（5）理解课本第 6 页的说明：当不能明显看出数列的项的取值规律时，可以尝试通过运算来寻找规律，如依次取出数列的某一项，减去或除以它的前一项，再对差或商加以观察。

（6）结合指数的教学，让学生体会数形结合的思想，了解由特殊到一般、由具体到抽象的处理问题的路径，提升学生的数学抽象素养、数学运算素养、直观想象素养、数据分析素养、逻辑推理素养。

3. 素养目标

		行为方面		核心素养		
		1	2	1	2	3
内容方面	1. 实例抽象	从现实情境中人身高的变化和月亮可见部分这两个例子出发，让学生从数学的角度发现问题、提出问题	让学生归纳例子的共同特征	数学抽象	数学建模	直观想象
	2. 概念形成（一）	让学生对问题情境中的数学问题进行分析，并概括总结出数列的概念	让学生对相关子概念进行准确描述	逻辑推理	数学建模	
	3. 概念剖析（一）	引导学生理解数列的性质	通过实例引导学生掌握数列中项和项数的定义	逻辑推理		

续 表

内容方面		行为方面		核心素养		
		1	2	1	2	3
	4. 概念形成（二）	让学生通过实例发现数列是自变量为离散的数的函数	帮助学生理解递推公式、通项公式和数列中的项间解数列与函数的关系	逻辑推理	数学建模	
	5. 概念剖析（二）	引导学生发现数列和函数的联系与区别	引导学生理解项和项数的一一对应关系	逻辑推理	数学建模	
	6. 概念形成（三）	让学生通过类比函数的研究得到数列的表示方法	让学生通过类比函数的研究得到数列的通项公式	逻辑推理	数学建模	数学运算
	7. 概念剖析（三）	引导学生学会用表格和图像来表示数列	引导学生学会判断数列是否具备单调性	逻辑推理	数学运算	
	8. 概念升华	引导学生学会使用数列的语言来描述现实生活中的问题	引导学生学会处理数列的有关运算问题	逻辑推理	数学建模	数学运算

4.1.3 教学重难点

重点：数列的概念、数列的通项公式。

难点：数列的概念。

4.1.4 教学问题诊断分析

本节教学以数列的概念为主线，重在概念的内涵挖掘，在概念的基础上形成数列的性质与表示方法。学生需要加深对符号语言的认识与理解，教师对于数列的相关概念的教学务必要突出由特殊到一般、数形结合、由具体到抽象的处理问题的思想与方法；在概念自然生成、内涵挖掘、总结应用、引

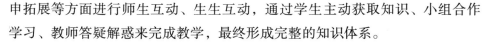

申拓展等方面进行师生互动、生生互动，通过学生主动获取知识、小组合作学习、教师答疑解惑来完成教学，最终形成完整的知识体系。

教学支持条件方面，可以利用图形计算器等辅助工具。

4.2　等差数列

4.2.1　教学内容及内容解析

1. 内容

本节的知识结构如下：

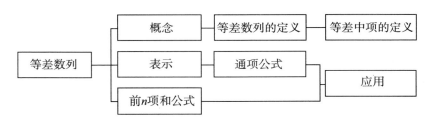

本节包括等差数列的概念和表示及前 n 项和公式，它们是中学数学中的重要内容。本节共 4 课时：第 1 课时的主要内容是等差数列的概念和表示，第 2 课时的主要内容是等差数列的性质，第 3 课时的主要内容是等差数列的前 n 项和公式的推导及应用，第 4 课时的主要内容是等差数列的综合应用。

2. 内容解析

本节是在已学一般数列概念及性质的基础上，学习具有特殊变化规律的等差数列，对等差数列的概念、取值规律与应用的研究，将为学生今后进一步学习其他类型的数列打下基础，能培养学生运用等差数列刻画数学或现实中具有递推规律的事物的建模能力。

4.2.2　教学目标及目标解析

1. 目标

（1）通过生活中的实例，理解等差数列的概念。

（2）从等差数列的概念出发，推导出等差数列的通项公式。

（3）从通项公式出发，探索等差数列与一元一次函数的关系，画出等差数列的图像。

（4）探索等差数列的前 n 项和公式及其推导过程，理解等差数列的通项公式与前 n 项和公式的关系。

（5）探索等差数列的性质并能灵活运用相关性质解决问题。

（6）在具体的问题情境中发现数列的等差关系，能通过运算、代数变换等一般性方法解决相应的问题，了解数学模型的现实意义与作用。

2. 目标解析

（1）结合课本第 12 页中的四个例子，理解课本第 13 页中的等差数列的概念。

（2）解答与课本第 14 页至第 15 页中例 1、例 2 类似的问题，理解通项公式所涉及的基本量 a_1, d, n, a_n 之间的关系，形成利用基本量建立代数关系式（方程、方程组）解决问题的思想方法。

（3）阅读课本第 14 页中的内容，完成思考题，体会等差数列与一元一次函数的关系。

（4）解答与课本第 16 页中例 3、例 4 类似的利用等差数列解决实际问题、构造新数列的问题。

（5）证明、掌握和应用课本第 17 页中的例 5。例 5 给出了等差数列的一个重要性质，通过阅读课本第 17 页中的思考问题，从"式"和"形"两个角度来理解这一性质。

（6）阅读课本第 18 页至第 21 页中的内容并完成三个思考问题，体会"倒序相加法"的精髓，探索等差数列的前 n 项和公式及其推导过程。

（7）解答与课本第 21 页至第 23 页中的例6、例7 和例8 类似的问题，理解对于等差数列只要有" a_1, d, n, a_n, S_n "中的三个基本量就可以求出另外两个基本量。

（8）思考例 7 之后的探究问题，探索发现等差数列前 n 项和公式和二次函数的关系，并能应用等差数列前 n 项和的性质来解答课本 P23 中的例 9。

（9）通过课前自主查阅数学史料，能够在课堂演绎历史短剧，了解等差数列的前 n 项和公式的来龙去脉，感悟特殊与一般的思想，感受前人严谨的治学精神和数学文化的熏陶，提升数学抽象素养、数学运算素养、直观想象素养、数据分析素养、逻辑推理素养。

3. 素养目标

<table>
<tr><td rowspan="2"></td><td rowspan="2"></td><td colspan="2">行为方面</td><td colspan="3">核心素养</td></tr>
<tr><td>1</td><td>2</td><td>1</td><td>2</td><td>3</td></tr>
<tr><td rowspan="6">内容方面</td><td>1. 实例抽象</td><td>从现实情境中的四个例子出发，引导学生理解等差数列的核心内涵——"相等间隔"</td><td>引导学生通过运算发现等差数列的规律</td><td>数学抽象</td><td>数学建模</td><td>数学运算</td></tr>
<tr><td>2. 概念形成（一）</td><td>让学生对问题情境中的数学问题进行分析并概括总结出等差数列的概念</td><td>让学生用数学语言描述数列，构建等差数列的概念</td><td>逻辑推理</td><td>数学建模</td><td></td></tr>
<tr><td>3. 概念剖析（一）</td><td>引导学生理解等差数列的概念</td><td>通过实例引导学生学会判断哪些数列是等差数列</td><td>数学运算</td><td>逻辑推理</td><td></td></tr>
<tr><td>4. 概念形成（二）</td><td>让学生用由一般到特殊的方法研究只含三项的等差数列，给出等差中项的定义</td><td>让学生观察数列，猜想等差数列的通项公式</td><td>逻辑推理</td><td>数学建模</td><td>直观想象</td></tr>
<tr><td>5. 概念剖析（二）</td><td>让学生探索等差数列的相关性质</td><td>引导学生发现等差数列与一次函数的关系</td><td>数学运算</td><td>逻辑推理</td><td>数学运算</td></tr>
<tr><td>6. 概念形成（三）</td><td>让学生探索等差数列前 n 项和公式，领悟特殊与一般的转化方法</td><td>通过对比，让学生体会用倒序相加法推导等差数列前 n 项和公式的优势性</td><td>逻辑推理</td><td>数学建模</td><td>数学运算</td></tr>
</table>

续　表

		行为方面		核心素养		
		1	2	1	2	3
内容方面	7. 概念剖析（三）	让学生合理运用倒序相加法以及函数的思想方法来论证数列的有关问题	引导学生发现等差数列前 n 项和公式与二次函数的关系	逻辑推理	直观想象	数学运算
	8. 概念升华	在具体的问题情境中，让学生抽象出具有递推规律事物的数学关系，建立等差数列等简单数学模型	让学生运用等差数列概念、公式、性质，通过推理论证、运算解决问题	逻辑推理	数学建模	数学运算

4.2.3　教学重难点

重点：等差数列的概念、通项公式、前 n 项和公式及它们的应用。

难点：等差数列的前 n 项和公式的推导。

4.2.4　教学问题诊断分析

本节教学通过运算探究实例中数列的共同取值规律，抽象出等差数列的定义，根据定义归纳得到通项公式，利用通项公式，探究数列与相关函数的关系，并解决一些简单问题。接下来在推导等差数列前 n 项和的公式的过程中，如何自然地生成倒序相加求和法，并应用前 n 项和公式解决问题，是本节教学中的一个重点内容。所以，本节的内容为学生提供了自主学习的机会，教学时可以让学生发现研究对象，并针对研究对象提出研究内容、探索研究方法、获得研究结论。教学中，可侧重提醒学生注意新的研究对象的独特性，这样有利于培养学生发现问题和提出问题的能力。

4.3 等比数列

4.3.1 教学内容及内容解析

1. 内容

本节的知识结构如下：

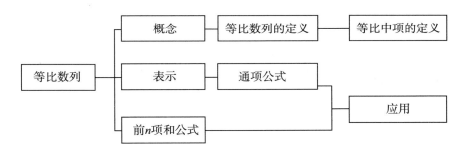

本节包括等比数列的概念和表示及前 n 项和公式，它们是中学数学中的重要内容。本节共 4 课时：第 1 课时的主要内容是等比数列的概念和表示，第 2 课时的主要内容是等比数列的性质，第 3 课时的主要内容是等比数列的前 n 项和公式的推导及应用，第 4 课时的主要内容是等比数列的综合应用。

2. 内容解析

本在已学等差数列概念及性质的基础上学习等比数列，采用了与等差数列完全类似的研究路径和研究方法，即"通过运算探究实例中数列的共同取值规律，抽象出定义，归纳得到通项公式，利用通项公式探究数列与相关函数的关系。利用通项公式解决问题，推导数列的前 n 项和公式，利用通项公式与前 n 项和公式解决问题"。所以，本节内容为学生提供了自主学习的机会，让学生在与等差数列类比的基础上，自己发现研究对象，并针对研究对象提出研究内容、探索研究方法、获得研究结论。

4.3.2 教学目标及目标解析

1. 目标

（1）通过生活中的实例，理解等比数列的概念。

（2）从等比数列的概念出发，推导出等比数列的通项公式。

（3）从通项公式出发，探索等比数列与指数函数的关系，画出等比数列的图像。

（4）探索等比数列的前 n 项和公式及其推导过程，理解等比数列的通项公式与前 n 项和公式的关系。

（5）探索等比数列的性质并能灵活运用相关性质解决问题。

（6）在具体的问题情境中发现数列的等比关系，运用运算、代数变换等一般性方法解决相应的问题，了解数学模型的现实意义与作用。

2. 目标解析

（1）结合课本第 27 页中的四个例子，理解课本第 28 页中的等比数列和等比中项的概念，以及等比数列的定义，知道等比数列的首项与公比都不能为 0。

（2）根据等比数列的定义推导等比数列的通项公式，理解等比数列的通项公式中公比 q 的意义，并能解答与课本第 29 页至第 30 页中例 1、例 2、例 3 类似的问题。

（3）阅读课本第 29 页中的内容，体会等比数列与指数函数的关系，通过类比指数函数得到等比数列的单调性。

（4）解答与课本第 31 页中例 4 类似的利用等比数列解决实际问题、构造新数列的问题。

（5）证明、掌握和应用课本第 32 页中的例 5。例 5 给出了等比数列的一个重要性质，同时把等差数列的一些性质迁移到等比数列中。

（6）通过对课本第 33 页例 6 的学习，体会对于数列问题一般从通项出发进行研究，对于一个"陌生"数列（非等差或等比数列）的通项公式，往往可以从数值、图像上寻找规律，然后通过运算、论证获得解答；通过对例 6 的复习来了解判断数列单调性的两种常用方法。

（7）阅读课本第 34 页、第 35 页中的内容，体会错位相减法的精髓，探

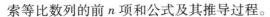

索等比数列的前 n 项和公式及其推导过程。

（8）等比数列的求和公式包含两个公式，知道每个公式适用于什么情况。

（9）解答与课本第 35 页中的例 7、第 36 页中的例 8 类似的问题，理解对于等比数列，只要有"a_1, q, n, a_n, S_n"中三个基本量就可以求出另外两个基本量。

（10）解答与课本第 37 页的例 9 类似的问题。例 9 也是等比数列的一个重要性质的体现。

（11）利用等比数列的前 n 项和公式解答与课本第 38 页至第 40 页中涉及几何问题和实际问题的例 10、例 11 和例 12 类似的问题，通过例 11 和例 12 体会利用"分组求和"的方法求数列的前 n 项和的过程。

（12）课本安排了"阅读与思考"栏目——《中国古代数学家求数列和的方法》，让学生通过这些小故事学习古代数学家求数列和的思想方法，了解到这些数学思想方法诞生的曲折过程，感受数学家在进行数学研究时的探索精神和创新意识。

3. 素养目标

<table>
<tr><td rowspan="2"></td><td rowspan="2"></td><td colspan="2">行为方面</td><td colspan="3">核心素养</td></tr>
<tr><td>1</td><td>2</td><td>1</td><td>2</td><td>3</td></tr>
<tr><td rowspan="6">内容方面</td><td>1. 实例抽象</td><td>从现实情境中的四个例子出发，引导学生理解等比数列的核心内涵</td><td>引导学生通过运算发现等比数列的规律</td><td>数学抽象</td><td>数学建模</td><td>数学运算</td></tr>
<tr><td>2. 概念形成（一）</td><td>让学生用由特殊到一般、由具体到抽象的方法概括出等比数列的定义</td><td>让学生用数学语言描述数列，构建等比数列的概念</td><td>逻辑推理</td><td>数学建模</td><td></td></tr>
<tr><td>3. 概念剖析（一）</td><td>引导学生理解等比数列的概念</td><td>通过实例引导学生学会判断哪些数列是等比数列</td><td>数学运算</td><td>逻辑推理</td><td></td></tr>
</table>

续 表

		行为方面		核心素养		
		1	2	1	2	3
内容方面	4. 概念形成（二）	让学生用由一般到特殊的方法研究只含三项的等比数列，给出等比中项的定义	让学生观察数列，猜想等比数列的通项公式	逻辑推理	数学建模	直观想象
	5. 概念剖析（二）	让学生探索等比数列的相关性质	引导学生发现等比数列与指数函数的关系	数学运算	逻辑推理	数学运算
	6. 概念形成（三）	让学生探索等比数列前 n 项和公式，领悟特殊与一般的转化方法	通过对比让学生体会用错位相减法推导等差数列前 n 项和的优势	逻辑推理	数学建模	数学运算
	7. 概念剖析（三）	让学生合理运用错位相减法以及函数的思想方法来论证数列的有关问题	引导学生利用等比数列前 n 项和公式与等差数列前 n 项和公式求"陌生"数列的前 n 项和	逻辑推理	直观想象	数学运算
	8. 概念升华	在具体的问题情境中，让学生抽象出具有递推规律事物的数学关系，建立等比数列等简单数学模型	让学生运用等比数列的概念、公式、性质，通过推理论证、运算解决问题	逻辑推理	数学建模	数学运算

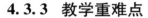

4.3.3 教学重难点

重点：等比数列的概念、通项公式、前 n 项和公式及它们的应用。

难点：等比数列的前 n 项和公式的推导。

4.3.4 教学问题诊断分析

本节教学通过运算探究实例中数列的共同取值规律，抽象出等比数列的定义，根据定义归纳得到通项公式，利用通项公式探究数列与相关函数的关系，并解决一些简单问题。接下来在推导等比数列前 n 项和的过程中，如何自然地生成错位相减法，并应用前 n 项和公式解决问题，是本节教学环节中的一个重点内容。所以，本节的内容为学生提供了自主学习的机会，教学时可以让学生自主发现研究对象，并针对研究对象提出研究内容、探索研究方法、获得研究结论。教学中，可侧重提醒学生注意新的研究对象的独特性，这样的过程有利于培养学生发现问题和提出问题的能力。

4.4 数学归纳法

4.4.1 教学内容及内容解析

1. 内容

本节的知识结构如下：

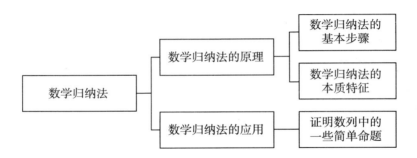

本节包括数学归纳法的原理和应用。数学归纳法是一种特殊的数学演绎证明方法，是证明与正整数 n 有关的数学命题的非常实用的研究工具，蕴含着丰富的数学文化和哲学思想。本节共 2 课时：第 1 课时的主要内容是数学归纳法的原理，第 2 课时的主要内容是数学归纳法的应用。

2. 内容解析

本节为选学内容，不作为考试范围，但是鉴于数学归纳法是一种非常有用的数学证明方法，建议有条件的学校让学生学习。通过本节的学习，学生可以通过具体情境了解数学归纳法的原理，能用数学归纳法证明数列中的一些简单问题，提升数学抽象和逻辑推理素养。本节的第 1 课时借助具体实例，通过对证明一个数学命题的过程和多米诺骨牌全部倒下的过程的类比和分析，获得证明数学命题的方法，进而推广为数学归纳法的原理和步骤；第 2 课时用数学归纳法证明数列中的一些简单问题，通过三类典型的数列问题的证明，说明用数学归纳法证明命题的一般过程，巩固学生对数学归纳法的认识。

4.4.2 教学目标及目标解析

1. 目标

（1）理解数学归纳法的原理。

（2）经历数学归纳法公理的建构过程，体会类比的数学思想。

（3）掌握用数学归纳法证明问题的"两步骤一总结环节"。

（4）用数学归纳法证明一些简单的数学问题。

（5）通过错解的错因剖析，培养学生反思、质疑的习惯，提高其批判性思维能力。

2. 目标解析

（1）深度挖掘课本第 44 页中的多米诺骨牌游戏的原理，通过类比多米诺骨牌原理寻找和构建递推关系，从而推广得到数学归纳法的原理。

（2）会用数学归纳法证明与课本第 46 页中例 1 类似的问题，熟悉用数学归纳法证明数学命题的基本过程和表述规范。

（3）会用数学归纳法证明与课本第 47 页中例 2 类似的恒等式问题，进一步熟悉用数学归纳法证明数学命题的基本过程和表述规范。

（4）会用数学归纳法证明与课本第 48 页中例 3 类似的递推数列问题，进一步体会"先猜后证"的思维方式，再次经历数学探究与发现的完整过程。

（5）会用数学归纳法证明与课本第 49 页中例 4 类似的不等式问题，拓展数学归纳法的应用途径，强化"观察—归纳—猜想—证明"的思维模式，提升逻辑推理素养。

3. 素养目标

		行为方面		核心素养		
		1	2	1	2	3
内容方面	1. 实例抽象	让学生通过类比多米诺骨牌原理观察、分析、比较、抽象出数学归纳法的原理		数学抽象	数学建模	逻辑推理
	2. 概念形成（一）	强化课本中引例的引导作用	让学生深度挖掘多米诺骨牌游戏的原理，通过类比多米诺骨牌原理寻找和构建递推关系，呈现数学归纳法产生的必要性与合理性	数学抽象	数学建模	逻辑推理
	3. 概念剖析（一）	深度挖掘多米诺骨牌原理	结合课本"思考"栏目，揭示数学归纳法的本质	数学抽象	数学建模	逻辑推理
	4. 概念形成（二）	概括、提炼数学归纳法的原理	引导学生分析"两个步骤"	数学抽象	数学建模	逻辑推理

续　表

		行为方面		核心素养		
		1	2	1	2	3
内容方面	5. 概念剖析（二）	使学生突破数学归纳法的认知难点		数学抽象	数学建模	逻辑推理
	6. 概念形成（三）	使学生认清数学归纳法的本质特点		数学抽象	数学建模	逻辑推理
	7. 概念剖析（三）	构建数学归纳法的结构框图		数学抽象	数学建模	逻辑推理
	8. 概念升华	通过学习典型例题的解法，让学生学会用数学归纳法证明关于正整数的命题	通过总结让学生进一步巩固本节所学的内容，提高概括能力	逻辑推理	数学建模	数学运算

4.4.3　教学重难点

重点：数学归纳法的原理和应用。

难点：数学归纳法的原理。

4.4.4　教学问题诊断分析

数学归纳法是一种用于证明与正整数 n 有关的命题的方法，为了避免在教学中出现灌输方法、操练技能的现象，使学生了解新的知识产生的来龙去脉，在教学中要注重数学归纳法产生的过程，把数学归纳法的产生寓于对归纳法的分析，在学生认识数学归纳法的过程中，可以把数学归纳法的产生与对不完全归纳法的完善结合起来。在教学方法上，运用在教师指导下师生共同探讨的方法，目的是调动学生学习的积极性。通过多米诺骨牌的动画演示，揭示多米诺骨牌效应产生所具备的两个条件，然后类比这两个条件来判断对第 2 个案例的猜想是否正确，继而用数学语言板书出数学归纳法的原理。在概念自然生成、内涵挖掘、总结应用、引申拓展等方面进行师生互动、生生互动，通过学生主动获取知识、小组合作学习、教师答疑解惑来完成教学，最终形成完整的知识体系。

教学支持条件方面，可以利用图形计算器等辅助工具。

4.5 小 结

4.5.1 教学内容及内容解析

1. 内容

能够结合具体实例了解数列的概念，理解通项公式对于数列的重要性，知道通项公式是数列的解析表达式，掌握通项公式与前 n 项和公式的关系。通过等差数列和等比数列的研究，探索并掌握等差数列和等比数列的变化规律，了解数列是可以用来刻画现实世界中具有递推规律事物的数学模型，是一种特殊的函数，体会等差数列与一次函数、等比数列与指数函数的关系，体会数学的整体性。能运用数列解决简单的实际问题和数学问题，感受数学模型的现实意义与作用。重点提升数学抽象、数学运算、逻辑推理和数学建模素养。

2. 内容解析

本节为归纳总结内容，共 2 课时：第 1 课时是数列的性质以及求通项数列的常用方法，第 2 课时是数列求和的常用方法。

4.5.2 教学目标及目标解析

1. 目标

本节重点关注数列与函数知识之间的内在联系。例如，让学生真正认识数列是一种特殊的函数，体会等差数列与一次函数、等比数列与指数函数的关系；理解等差数列与等比数列的可类比性；掌握等差数列与等比数列的前 n

项和公式；灵活运用求和公式解决一些简单问题。

2. 目标解析

（1）了解数列的概念：知道什么是数列，能说出数列的项、首项、通项、前 n 项和以及数列的一般形式；能认识数列的函数属性，识别数列的单调性；能对数列进行简单分类。

（2）了解数列的表示方法：会用表格、图像、通项公式、递推关系式表示数列，能根据数列的通项公式求任意项，并能根据数列的递推关系式写出数列的前几项或根据数列的前几项写出数列的一个通项公式。

（3）了解数列与函数的关系：能用函数的观点看待数列，知道数列是一类特殊函数，并能说出函数与数列之间的共性与差异。

（4）理解等差数列、等比数列的概念：能用文字语言、符号语言和图形语言描述等差数列、等比数列的概念，并能根据等差数列、等比数列的定义判断或证明已知数列是否是等差数列或等比数列。

（5）理解等差数列、等比数列的通项公式：能根据定义归纳出等差数列、等比数列的通项公式；能说出等差数列、等比数列的通项公式的特征；在求数列的基本量时，能"正用""逆用"和"变用"通项公式，并能得出等差数列、等比数列的一些性质；会利用通项公式解决一些简单的问题。

（6）掌握等差数列、等比数列的前 n 项和公式：能推导等差数列、等比数列的前 n 项和公式，能说出倒序相加法和错位相减法这两种求和方法的特点、适用条件以及操作步骤，能说明等差数列、等比数列的前 n 项和公式的特征，能灵活运用求和公式解决一些简单的问题。

（7）理解等差数列、等比数列的通项公式与前 n 项和公式的关系：能根据通项公式与前 n 项和公式的关系 $\left[a_1 = S_1, a_n = S_n - S_{n-1}(n \geq 2) \right]$ 解释等差数列、等比数列的通项公式与前 n 项和公式的联系与区别；会进行两者之间的相互转化，并能联用两个公式解决"知三求二"的问题；能描述等差数列、等比数列的通项公式与前 n 项和公式的函数结构特征，并能利用 a_n 与 S_n 的关系解决一些简单的问题。

（8）掌握等差数列、等比数列的简单应用：能在具体的问题情境中发现数列的等差关系和等比关系，能抽象出等差数列、等比数列模型，并能运用等差数列、等比数列的有关知识解决银行储蓄、分期付款、资产折旧、病毒传播、元素衰变、人口增长等实际问题；能综合运用等差数列、等比数列的概念、公式、性质解决数列与函数、不等式等综合问题。

（9）了解等差数列与一次函数、等比数列与指数函数的关系：能说出等差数列的通项公式与一次函数之间的共性与差异，以及等差数列的前 n 项和公式与二次函数之间的共性与差异；能说出等比数列的通项公式、前 n 项和公式与指数函数之间的共性与差异；会用函数的观点解决一些和等差数列与等比数列有关的简单问题。

3. 素养目标

	核心知识	核心素养
内容方面	数列的概念	逻辑推理
	等差数列、等比数列的概念	数学建模、逻辑推理
	等差数列、等比数列的通项公式	数学运算、逻辑推理
	等差数列、等比数列的前 n 项和公式	数学运算、数学建模
	等差数列、等比数列的简单应用	数学运算、数学建模、逻辑推理

4.5.3　教学重难点

重点：数列的通项公式和前 n 项和的公式。

难点：等差数列和等比数列的应用。

4.5.4　教学问题诊断分析

本节教学以应用为主线，以数列的概念、等差数列和等比数列的核心知识为素材，按照"概念—性质—应用"的模式，强调研究数列的性质或者解决数列问题的基本量思想，淡化特殊的运算技巧。

教学支持条件方面，可以利用图形计算器等辅助工具。

第五章

一元函数的导数及其应用

【课时安排】

内容	课时	具体安排
5.1 导数的概念及其意义	4	本节内容为变化率问题，导数的概念及其几何意义，共4课时
5.2 导数的运算	4	本节内容为导数的运算，主要包括几个常用函数的导数，基本初等函数的导数公式，函数的和、差、积、商的求导法则以及简单复合函数的导数运算法则，共4课时
5.3 导数在研究函数中的应用	5	本节内容为利用导数研究函数的单调性，求简单函数的单调区间，用导数求函数的极值与最大（小）值，共5课时
5.4 小结	2	复习课第1课时，复习课第2课时
合计	15	

【本章知识结构框图】

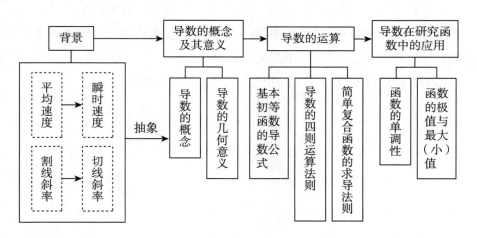

5.1 导数的概念及其意义

5.1.1 教学内容及内容解析

1. 内容

本节的知识结构如下：

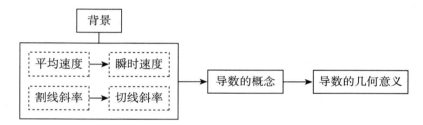

本节内容为变化率问题，导数的概念及其几何意义，共4课时。

2. 内容解析

本节通过对两个典型的变化率问题的详细剖析，让学生经历由平均变化率过渡到瞬时变化率的过程，抽象概括出导数的概念，在上述过程中体会导数的内涵与思想，进而学习导数的几何意义，并对导数的概念及几何意义进行辨析、巩固和应用。

5.1.2 教学目标及目标解析

1. 目标

（1）通过实例分析，经历由平均变化率过渡到瞬时变化率的过程，了解导数概念的实际背景，知道导数是关于瞬时变化率的数学表达，体会导数的内涵与思想。

（2）体会极限思想。

（3）通过函数图像直观理解导数的几何意义。

2. 目标解析

（1）通过高台跳水运动员的速度、抛物线的切线斜率这两个典型的变化率实例，经历两次完整的从平均变化率过渡到瞬时变化率的过程，进而概括这两个实例在解决问题的思想方法和结果形式上的共同特征，抽象出导数的概念——导数是瞬时变化率的数学表达。

（2）通过研究曲线的割线过渡到切线、从割线斜率过渡到切线斜率的过程，给出导数的几何意义，再一次经历从平均变化率过渡到瞬时变化率的过程。

（3）结合课本第 60 页中的思考问题，理解瞬时速度的概念，能够完成课本第 61 页中的思考，第 61 页至第 62 页练习中的第 1，2，3 题。

（4）结合课本第 62 页和第 63 页中的"探究"栏目，理解抛物线的切线和切线的斜率，能够完成课本第 64 页的思考和练习中的第 1，2 题。

（5）根据瞬时变化率和切线斜率的概念得到导数的概念，解答与课本第 65 页中的例 1、例 2，第 66 页中的例 3 类似的问题，以及练习中的第 1，2，3 题。

（6）结合课本第 67 页的思考问题，理解导数的几何意义，解答与课本第 68 页中的例 4、第 69 页中的例 5 类似的问题，理解导函数的概念，解答与课本练习中的第 1，2，3，4 题。

（7）通过导数的概念及其几何意义的教学，让学生了解由特殊到一般、由具体到抽象的处理问题的路径，使学生获得导数概念的同时，发展数学抽象、直观想象等素养。

3. 素养目标

		行为方面		核心素养		
		1	2	1	2	3
内容方面	1. 类比推理	通过高台跳水运动员的速度、抛物线的切线斜率这两个典型的变化率实例，让学生经历两次完整的从平均变化率过渡到瞬时变化率的过程，进	用由特殊到一般，由具体到抽象的方法让学生理解瞬时变化率的概念	数学抽象	逻辑推理	数学运算

续 表

		行为方面		核心素养		
		1	2	1	2	3
内容方面	1. 类比推理	而概括这两个实例在解决问题的思想方法和结果形式上的共同特征，抽象出导数的概念——导数是瞬时变化率的数学表达				
	2. 概念形成（一）	学生能够根据瞬时变化率和切线斜率的概念得到导数的概念，能够解答与课本第65页中的例1、例2，第66页中的例3类似的问题以及练习中的第1，2，3题	让学生对相关子概念进行准确描述	数学抽象	逻辑推理	数学运算
	3. 概念剖析（一）	通过研究曲线的割线过渡到切线、从割线斜率过渡到切线斜率的过程，给出导数的几何意义，让学生再一次经历从平均变化率过渡到瞬时变化率的过程	通过对具体实例的分析，引导学生理解导数的概念	逻辑推理	数学运算	

		行为方面		核心素养		
		1	2	1	2	3
内容方面	4. 概念形成（二）	结合课本第67页的思考问题，使学生理解导数的几何意义，能够解答与课本第68页中的例4、第69页中的例5类似的问题，理解导函数的概念，能够解答与课本练习中的第1，2，3，4题	用由特殊到一般、由具体到抽象的方法，让学生理解导数的几何意义	逻辑推理	数学运算	
	5. 概念升华	通过导数的概念及其几何意义的教学，让学生了解由特殊到一般、由具体到抽象的处理问题的路径，使学生获得导数概念的同时，发展数学抽象、直观想象等素养	提升学生的数学抽象素养、直观想象素养、数学运算素养	数学抽象	数学运算	直观想象

5.1.3　教学重难点

重点：导数的概念，导数的几何意义。

难点：导数的概念，曲线的切线概念。

5.1.4　教学问题诊断分析

本节是对两个典型的变化率问题的详细剖析，让学生经历由平均变化率过渡到瞬时变化率的过程，抽象概括出导数的概念，在上述过程中体会导数的内涵与思想，进而学习导数的几何意义，并对导数的概念及几何意义进行辨析、巩固和应用。对于导数的相关概念的教学务必突出由特殊到一般、由具体到抽象、数与形结合的直观想象以及类比的思想与方法，在概念自然生成、内涵挖掘、总结应用、引申拓展等方面进行师生互动、生生互动并注重借助信息技术手段，让学生直观认识极限、切线，以及"以直代曲"的重要思想，通过学生主动获取知识、小组合作学习、教师答疑解惑来完成教学，最终形成完整的知识体系。

教学支持条件方面，可以利用图形计算器等辅助工具。

5.2 导数的运算

5.2.1 教学内容及内容解析

1. 内容

本节的知识结构如下：

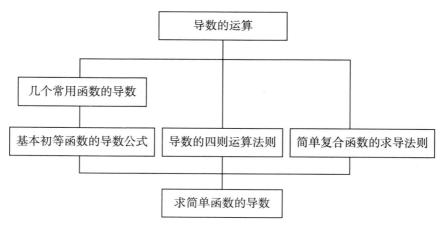

本节内容为导数的运算，主要包括几个常用函数的导数，基本初等函数的导数公式，函数的和、差、积、商的导数运算法则以及简单复合函数的求导法则，共4课时。

2. 内容解析

本节根据导数的定义求解了几个常用函数的导数，在此基础上直接给出基本初等函数的导数公式表；通过对几个常用函数求导，学生可以进一步理解导数的概念，理解求函数的导数是一种极限运算，从而进一步体会极限思想。本节采用从特殊到一般的方法，先以具体函数的求导使学生对导数的运算法则有直观的感觉，再给出导数的四则运算法则以及复合函数的求导法则，提升学生的数学运算素养、逻辑推理素养。

5.2.2 教学目标及目标解析

1. 目标

（1）根据导数定义求函数 $y = c$，$y = x$，$y = x^2$，$y = x^3$，$y = \dfrac{1}{x}$，$y = \sqrt{x}$ 的导数。

（2）利用给出的基本初等函数的导数公式求简单函数的导数。

（3）利用导数的四则运算法则求简单函数的导数。

（4）使用导数公式表。

（5）了解复合函数的复合过程。

（6）利用复合函数的求导法则求简单函数的导数。

（7）通过本节的学习，让学生经历导数的运算过程，引导学生独立思考、交流讨论，提升学生的数学运算素养、逻辑推理素养。

2. 目标解析

（1）根据导数定义完成课本第 72 页至第 74 页六个常见基本初等函数的导数的推导。

（2）记住基本初等函数的导数公式，并会用公式求简单函数的导数，会做课本第 75 页中的练习第 1 题。

（3）结合课本第 74 页中的"探究"栏目，理解导数的几何意义，会做课本第 75 页中的练习第 2，3，4 题。

（4）结合课本第 76 页中的"探究"栏目和第 77 页中的"思考"栏目，理解导数的四则运算法则，会做与课本第 76 页的例 3、第 77 页的例 4 和练习第 2 题类似的题目。

（5）结合课本第 78 页思考问题，理解复合函数概念，对复合函数的结构进行分析，了解复合函数的复合过程，从而学会复合函数的求导法则，会用复合函数求导法则求复合函数的导数，会做与课本第 79 页例 6 和练习第 1，2 题类似的题目。

（6）通过本节的学习，让学生经历导数的运算过程，引导学生独立思考、交流讨论，提升学生的数学运算素养、逻辑推理素养。

3. 素养目标

<table>
<tr><td rowspan="2"></td><td rowspan="2"></td><td colspan="2">行为方面</td><td colspan="3">核心素养</td></tr>
<tr><td>1</td><td>2</td><td>1</td><td>2</td><td>3</td></tr>
<tr><td rowspan="4">内容方面</td><td>1. 概念形成（一）</td><td>学生能根据导数定义完成课本第 72 页至第 74 页六个常见基本初等函数导数的推导</td><td>让学生从熟悉的对象出发理解导数的运算</td><td>数学运算</td><td>逻辑推理</td><td></td></tr>
<tr><td rowspan="2">2. 概念剖析（一）</td><td>学生能利用给出的基本初等函数的导数公式求简单函数的导数</td><td>学生能熟练使用相关公式</td><td>数学运算</td><td>逻辑推理</td><td></td></tr>
<tr><td>结合课本第 76 页"探究"栏目和第 77 页"思考"栏目，使学生理解导数的四则运算法则</td><td>通过创设情境引导学生理解导数的四则运算法则</td><td>数学运算</td><td>逻辑推理</td><td></td></tr>
<tr><td>3. 概念形成（二）</td><td>结合课本第 78 页思考问题，使学生理解复合函数的概念，对复合函数的结构进行分析，让学生了解复合函数的复合过程</td><td>让学生从熟悉的对象出发，观察、分析、抽象、概括出复合函数的定义</td><td>数学抽象</td><td>逻辑推理</td><td>数学运算</td></tr>
</table>

续表

		行为方面		核心素养		
		1	2	1	2	3
内容方面	4. 概念剖析（二）	根据复合函数的结构，使学生学会复合函数的求导法则，会用复合函数求导法则求复合函数的导数	让学生对相关子概念进行准确描述	逻辑推理	数学运算	数学抽象
	5. 概念升华	让学生经历导数的运算过程	引导学生独立思考、交流讨论	逻辑推理	数学运算	

5.2.3 教学重难点

重点：求简单函数的导数。

难点：求简单复合函数的导数。

5.2.4 教学问题诊断分析

本节是在学习了导数的概念及其几何意义之后进一步学习函数的导数运算，主要包括几个常用函数的导数，基本初等函数的导数公式，函数的和、差、积、商的导数运算法则以及简单复合函数的求导法则。由于求基本初等函数的导数以及推导导数的运算法则都涉及极限运算，而极限的具体知识对高中生不做要求，所以本节对导数运算的推导不做严格要求，而是先根据导数的定义求解几个常用函数的导数，在此基础上直接给出基本初等函数的导数公式表，然后采用从特殊到一般的方法，先以具体函数的求导使学生对导数的运算法则有直观的感觉，再给出导数的四则运算法则以及复合函数的求导法则。在公式自然生成、内涵挖掘、总结应用、引申拓展等方面进行师生互动、生生互动，通过学生主动获取知识、小组合作学习、教师答疑解惑来完成教学，最终形成完整的知识体系。

教学支持条件方面，可以利用图形计算器等辅助工具。

5.3 导数在研究函数中的应用

5.3.1 教学内容及内容解析

1. 内容

本节的知识结构如下：

本节内容为利用导数研究函数的单调性，求简单函数的单调区间，用导数求函数的极值与最大（小）值，共 5 课时。

2. 内容解析

本节借助具体实例，通过观察函数图像的升降，并利用导数的几何意义建立函数的单调性与导函数的正负之间的关系；在此基础上，通过考查导数在函数零点两侧正负性的变化情况给出函数极值的概念及其求法，并进一步研究闭区间上连续函数的最大（小）值；最后利用导数研究函数的单调性、极值与最大（小）值的综合性问题，以及简单的优化问题，体现数学运算在数学证明中的重要意义与作用，进一步发展学生的数学运算素养、逻辑推理素养。

5.3.2 教学目标及目标解析

1. 目标

（1）结合实例，借助导数几何意义直观了解函数的单调性与导数的关系。

（2）利用导数研究函数的单调性，对于多项式函数，能求不超过三次的多项式函数的单调区间。

（3）借助函数的图像，了解函数在某点取得极值的必要条件和充分条件，能利用导数求某些函数的极大（小）值，体会导数与最大（小）值的关系。

（4）求给定区间上不超过三次的多项式函数的最大（小）值。

（5）利用导数解决与函数有关的问题，会利用导数解决实际问题中的最大（小）问题。

（6）通过对函数单调性的判断，利用导数研究函数单调性、极值、最大（小）值，引导学生独立思考、交流讨论，多利用图形的直观性，提升学生的数学运算、数学抽象、逻辑推理、直观想象以及数学建模的核心素养。

2. 目标解析

（1）结合课本第 84 页和第 85 页的"思考"栏目，得到函数的单调性与导数的正负之间的关系，会做与第 86 页例 1、例 2 类似的问题。

（2）求不超过三次的多项式函数的单调区间，会做与课本第 87 页的例 3、练习第 1 题类似的问题。

（3）结合课本第 90 页"探究"栏目和第 91 页的"思考"栏目，理解极值的定义以及极值与导数的关系，会利用导数研究函数的极值，会做与课本第 91 页例 5 和练习第 1，2 题类似的题目。

（4）结合课本第 93 页的"探究"栏目，理解函数的最大（小）值，会利用导数研究函数的最大（小）值，会做与课本第 93 页例 6 类似的题目。

（5）通过本节的学习，引导学生独立思考、交流讨论，多利用图形的直观性，提升和培养学生数学运算、数学抽象、逻辑推理、直观想象以及数学建模的核心素养。

3. 素养目标

		行为方面		核心素养		
		1	2	1	2	3
内容方面	1. 概念形成（一）	学生能结合课本第 84 页和第 85 页的"思考"栏目，得到函数的单调性与导数的正负之间的关系	让学生从已有的基础出发，观察、分析、抽象、概括出函数的单调性与导数的正负关系	逻辑推理	数学抽象	数学运算

		行为方面		核心素养		
		1	2	1	2	3
内容方面	2. 概念剖析（一）	结合实例，让学生求不超过三次的多项式函数的单调区间	结合实例，引导学生理解导数与单调性的关系的并运算	数学抽象	数学运算	
		结合课本第90页"探究"栏目和第91页的"思考"栏目，使学生理解极值的定义以及极值与导数的关系，会利用导数研究函数的极值	让学生对相关子概念进行准确描述，学会利用导数求函数的极值	逻辑推理	数学运算	直观想象
	3. 概念形成（二）	结合课本第93页的"探究"栏目，使学生理解函数的最大（小）值，会利用导数研究函数的最大（小）值	结合实例让学生掌握用导数研究函数的最大（小）值的方法	逻辑推理	数学抽象	数学运算
	4. 概念升华	通过本节的学习，引导学生独立思考、交流讨论，多利用图形的直观性	提升和培养学生数学运算、数学抽象、逻辑推理、直观想象以及数学建模的核心素养	逻辑推理	数学运算	直观想象

5.3.3 教学重难点

重点：利用导数研究函数的单调性，求简单函数的单调区间。

难点：用导数求函数的极值与最大（小）值。

5.3.4 教学问题诊断分析

本节内容为利用导数研究函数的单调性，求简单函数的单调区间，用导数求函数的极值与最大（小）值。函数的单调性、极值与最大（小）值是函数的重要性质，也是用函数研究客观世界中运动变化规律的表现所在。必修第一册给出了函数的单调递增（递减）、函数最大（小）的定义，并用定义研究了幂函数、指数函数、对数函数和三角函数的单调性与最大（小）值，学生对函数的单调性、最大（小）值有一定的了解。在此基础上，借助具体实例，让学生通过观察函数图像的升降，并利用导数的几何意义建立函数的单调性与导函数的正负之间的关系。

教学支持条件方面，可以利用图形计算器等辅助工具。

5.4 小 结

重要知识点如下。

（1）导数定义：函数 $y = f(x)$ 在 $x = x_0$ 处的瞬时变化率 $\lim\limits_{\Delta x \to 0} \dfrac{\Delta f}{\Delta x} = \lim\limits_{\Delta x \to 0} \dfrac{f(x_0 + \Delta x) - f(x_0)}{\Delta x}$，我们称它为函数 $y = f(x)$ 在 $x = x_0$ 处的导数，记作 $f'(x_0)$ 或 $y'\big|_{x = x_0}$，即 $f'(x_0) = \lim\limits_{\Delta x \to 0} \dfrac{\Delta f}{\Delta x} = \lim\limits_{\Delta x \to 0} \dfrac{f(x_0 + \Delta x) - f(x_0)}{\Delta x}$。

附注：①导数即为函数 $y = f(x)$ 在 $x = x_0$ 处的瞬时变化率；

②定义的变化形式：$f'(x) = \lim\limits_{\Delta x \to 0} \dfrac{\Delta y}{\Delta x} = \lim\limits_{\Delta x \to 0} \dfrac{f(x_0) - f(x_0 - \Delta x)}{\Delta x}$；

$f'(x) = \lim\limits_{\Delta x \to 0} \dfrac{\Delta y}{\Delta x} = \lim\limits_{\Delta x \to 0} \dfrac{f(x) - f(x_0)}{x - x_0}$；$f'(x) = \lim\limits_{\Delta x \to 0} \dfrac{f(x_0 - \Delta x) - f(x_0)}{-\Delta x}$。

$\Delta x = x - x_0$，当 $\Delta x \to 0$ 时，$x \to x_0$，$\therefore f'(x) = \lim\limits_{x \to x_0} \dfrac{f(x) - f(x_0)}{x - x_0}$。

③求函数 $y = f(x)$ 在 $x = x_0$ 处的导数的步骤："一差，二比，三极限"。

（2）基本初等函数的八个必记导数公式。

原函数	导函数	原函数	导函数
$f(x) = C(C$ 为常数$)$	$f'(x) = 0$	$f(x) = x^n(n \in \mathbf{R})$	$f'(x) = n \cdot x^{n-1}$
$f(x) = \sin x$	$f'(x) = \cos x$	$f(x) = \cos x$	$f'(x) = -\sin x$
$f(x) = a^x$ $(a > 0$ 且 $a \neq 1)$	$f'(x) = a^x \cdot \ln a$	$f(x) = \log_a x$ $(a > 0$ 且 $a \neq 1)$	$f'(x) = \dfrac{1}{x} \cdot \dfrac{1}{\ln a}$
$f(x) = \mathrm{e}^x$	$f'(x) = \mathrm{e}^x$	$f(x) = \ln x$	$f'(x) = \dfrac{1}{x}$

（3）导数四则运算法则。

①$[f(x) \pm g(x)]' = f'(x) \pm g'(x)$；

②$[f(x) \cdot g(x)]' = f'(x) \cdot g(x) + f(x) \cdot g'(x)$；

③$\left[\dfrac{f(x)}{g(x)}\right]' = \dfrac{f'(x)g(x) - f(x)g'(x)}{[g(x)]^2} (g(x) \neq 0)$。

特别提示：$[C \cdot f(x)]' = C \cdot f'(x)$，即常数与函数的积的导数，等于常数乘函数的导数。

（4）复合函数的导数。

① 复合函数的定义：一般对于两个函数 $y = f(x)$ 和 $u = g(x)$，如果通过变量 u，y 可以表示成 x 的函数，就称这个函数为 $y = f(x)$ 和 $u = g(x)$ 的复合函数，记作 $y = f[g(x)]$。

② 复合函数求导法则：复合函数 $y = f[g(x)]$ 的导数和函数 $y = f(x)$、$u = g(x)$ 的导数的关系为 $y'_x = y'_u \cdot u'_x$，即 y 对 x 的导数等于 y 对 u 的导数与 u 对 x 的导数的乘积。

（5）切线的斜率：函数 $f(x)$ 在 x_0 处的导数就是曲线 $f(x)$ 在点 $P[x_0, f(x_0)]$ 处的切线的斜率，因此曲线 $f(x)$ 在点 P 处的切线的斜率 $k = f'(x_0)$，相应的切线方程为 $y - f(x_0) = f'(x_0) \cdot (x - x_0)$。

（6）函数的单调性：在某个区间 (a, b) 内，如果 $f'(x) > 0$，那么函数 $y = f(x)$ 在这个区间内单调递增；在某个区间 (a, b) 内，如果 $f'(x)$

<0，那么函数 $y = f(x)$ 在这个区间内单调递减。

（7）函数的极值：设函数 $f(x)$ 在点 x_0 附近有定义，如果对 x_0 附近所有的点 x 都有 $f(x) < f(x_0)$，那么 $f(x_0)$ 是函数的一个极大值，记作 $y_{极大值} = f(x_0)$；如果对 x_0 附近的所有的点都有 $f(x) > f(x_0)$，那么 $f(x_0)$ 是函数的一个极小值，记作 $y_{最小值} = f(x_0)$。极大值与极小值统称为极值。

（8）函数的最值：将函数 $y = f(x)$ 在 $[a, b]$ 内的各极值与端点处的函数值 $f(a)$、$f(b)$ 比较，其中最大的一个是最大值，最小的一个是最小值。

选择性必修第三册

第六章

计数原理

【课时安排】

内容	课时	具体安排
6.1 分类加法计数原理与分步乘法计数原理	2	两个计数原理第 1 课时，两个计数原理第 2 课时
6.2 排列与组合	6	排列数的概念第 1 课时，排列数公式第 2 课时，排列的简单应用第 3 课时，组合的概念与组合数公式第 4 课时，组合的简单应用第 5 课时，排列组合的综合应用第 6 课时
6.3 二项式定理	2	二项式定理及展开式第 1 课时，二项式系数的性质第 2 课时
6.4 小结	1	复习课
合计	11	

【本章知识结构框图】

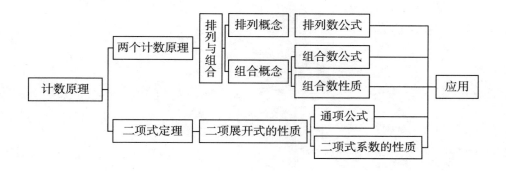

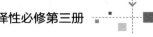

6.1　分类加法计数原理与分步乘法计数原理

6.1.1　教学内容及内容解析

1. 内容

本节的知识结构如下：

本节包括分类加法计数原理与分步乘法计数原理，应用两个计数原理探究与发现子集的个数有多少。

2. 内容解析

分类加法计数原理要注意"完成一件事"有哪几类方法，完成这件事的每一类方法都是相互独立的，分类时必须做到既不重复也不遗漏；分步乘法计数原理要注意"完成一件事"要经过哪几步，根据题意正确分步，各步骤之间既不能重复也不能遗漏。

6.1.2　教学目标及目标解析

1. 目标

（1）掌握分类加法计数原理和分布乘法计数原理。

（2）会用分类加法计数原理与分步乘法计数原理分析和解决一些简单的实际问题。

（3）探究与发现子集的个数。

2. 目标解析

（1）结合课本（《普通高中教材书数学 必修第三册 A版》）第6页至第9页中的特殊问题，理解两个计数原理的区别，并完成课本中第10页的归纳与思考。

（2）会做与课本第8页中例7类似的问题，理解分析问题的角度。

（3）结合课本第9页的例8把实际问题抽象成数学知识，再用数学知识解决问题。

（4）通过两个计数原理的教学，让学生了解由特殊到一般、由具体到抽象的处理问题的路径，提升学生的数学抽象素养、数学运算素养、直观想象素养、数据分析素养、逻辑推理素养。

3. 素养目标

<table>
<tr><td colspan="2"></td><td colspan="2">行为方面</td><td colspan="3">核心素养</td></tr>
<tr><td colspan="2"></td><td>1</td><td>2</td><td>1</td><td>2</td><td>3</td></tr>
<tr><td rowspan="5">内容方面</td><td>1. 实例抽象</td><td>从给座位编号出发，让学生从数学的角度发现问题、提出问题</td><td>让学生经历从具体问题叙述到抽象出一般特征的过程</td><td>数学抽象</td><td>数学建模</td><td>直观想象</td></tr>
<tr><td>2. 概念形成（一）</td><td>让学生对问题情境中的问题进行分析，并概括总结出分类加法计数原理</td><td>让学生对相关子概念进行准确描述</td><td>逻辑推理</td><td>数学建模</td><td></td></tr>
<tr><td>3. 概念剖析（一）</td><td>引导学生理解分类加法计数原理的应用</td><td>通过实例引导学生学会做分类加法计数原理的实际问题</td><td>数学运算</td><td>逻辑推理</td><td></td></tr>
<tr><td>4. 概念形成（二）</td><td>通过限定座位编号引导学生发现分步乘法计数原理</td><td>让学生对相关子概念进行准确描述</td><td>逻辑推理</td><td>数学建模</td><td></td></tr>
<tr><td>5. 概念剖析（二）</td><td>引导学生理解分步乘法计数原理</td><td>通过实例引导学生学会做分步问题</td><td>数学运算</td><td>逻辑推理</td><td></td></tr>
</table>

续 表

		行为方面		核心素养		
		1	2	1	2	3
内容方面	6. 概念辨别	引导学生理解两个原理的区别		逻辑推理	数学建模	数学抽象
	7. 概念升华	引导学生学会使用两个计数原理来解决现实生活中的问题	引导学生学会处理生活中的计数问题	逻辑推理	数学建模	数学运算

6.1.3　教学重难点

重点：分类加法计数原理与分步乘法计数原理的应用。

难点：正确理解"完成一件事"的含义，正确区分"分类"和"分步"。

6.1.4　教学问题诊断分析

本节教学以概念为主线，重在概念的内涵挖掘，在概念的基础上形成两个计数原理。学生需要加深对计数原理的认识与理解，教师在教学上要突出由特殊到一般、数形结合、由具体到抽象的处理问题的思想与方法，在概念自然生成、内涵挖掘、总结应用、引申拓展等方面进行师生互动、生生互动，通过学生主动获取知识、小组合作学习、教师答疑解惑来完成教学，最终形成完整的知识体系。

6.2　排列与组合

6.2.1　教学内容及内容解析

1. 内容

本节的知识结构如下：

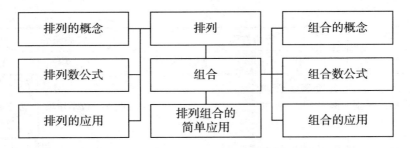

本节包括排列、排列数公式、组合、组合数公式以及排列与组合的简单应用。本节共 6 个课时：第 1 课时是排列数的概念，第 2 课时是排列数公式，第 3 课时是排列的简单应用，第 4 课时是组合的概念与组合数公式，第 5 课时是组合的简单应用，第 6 课时是排列组合的综合应用。

2. 内容解析

本节是快速解决实际生活中的计数问题，应用两个计数原理，通过排列和组合的相关知识解决问题。在分析问题时，要通过化归，建立数学模型来求解。解决问题的关键一步是正确理解题意，明确题目中的事件是什么，通过什么样的程序解决，进而选用相应的模型计算，要注意特殊元素和特殊位置，直接法和间接法的使用等。

6.2.2 教学目标及目标解析

1. 目标

（1）理解排列的意义。

（2）通过计数原理推导排列数公式。

（3）掌握应用排列与排列数公式求解实际问题中的计数问题的基本步骤和方法。

（4）掌握排列数公式在两个原理中的应用。

（5）理解组合的概念。

（6）利用计数原理推导组合数公式。

（7）掌握应用组合与组合数公式求解实际问题中的计数问题的基本步骤和方法。

（8）掌握组合数公式在两个原理中的应用，理解组合数的两个性质。

（9）利用两个原理及组合数公式解决一些简单的问题。

2. 目标解析

（1）结合课本第 14 页、第 15 页的特殊问题，理解排列的概念及其性质。

（2）理解课本第 17 页、第 18 页中排列数的推导过程。

（3）会做第 19 页中排列数公式的运算问题。

（4）会做与第 16 页至第 19 页中例 1、例 2、例 3 类似的问题。

（5）体会课本第 21 页排列与组合概念的不同，会推导组合数公式。

（6）会做课本第 25 页中组合的简单应用问题。

（7）通过排列与组合类比教学，让学生体会类比、归纳的思想，了解由特殊到一般、由具体到抽象的处理问题的路径，提升学生的数学抽象素养、数学运算素养、直观想象素养、逻辑推理素养。

3. 素养目标

		行为方面		核心素养		
		1	2	1	2	3
内容方面	1. 实例抽象	让学生从在现实情境中的快速计数出发，从数学的角度发现问题、提出问题	让学生从分步计数原理出发，归纳排列的概念	数学抽象	数学建模	直观想象
	2. 概念形成（一）	让学生对问题情境中的数学问题进行分析，并概括总结排列、排列数的概念	使学生理解排列数公式推导的过程	逻辑推理	数学建模	数学运算
	3. 概念剖析（一）	引导学生理解排列数公式	通过实例引导学生解答排列数运算问题	数学运算	逻辑推理	数学建模
	4. 概念形成（二）	通过分组问题引导学生发现组合的概念	使学生理解组合数公式推导的过程	逻辑推理	数学建模	数学运算

续　表

		行为方面		核心素养		
		1	2	1	2	3
内容方面	5. 概念剖析（二）	引导学生理解组合数公式的性质	通过实例引导学生解答组合数运算问题	数学运算	逻辑推理	逻辑推理
	6. 概念升华	引导学生学会使用排列与组合的语言来描述现实生活中的问题	引导学生学会分析和处理排列组合的有关问题	逻辑推理	数学建模	数学运算

6.2.3　教学重难点

重点：排列的概念及排列数公式，组合的概念及组合数公式。

难点：区分排列与组合，应用排列与组合知识解决实际问题中的计数问题。

6.2.4　教学问题诊断分析

本节教学仍然以概念为主线，重在概念的内涵挖掘，在概念的基础上形成排列组合的简单应用。学生需要审明题意，分清排组；特殊元位，优先考虑；类步不混，善用加乘；模图并示，不重不漏；排列组合，先组后排，灵活运用。教师在教学中务必突出由特殊到一般、数形结合、由具体到抽象的处理问题的思想与方法。在概念自然生成、内涵挖掘、总结应用、引申拓展等方面进行师生互动、生生互动，通过学生主动获取知识、小组合作学习、教师答疑解惑来完成教学，最终形成完整的知识体系。

6.3 二项式定理

6.3.1 教学内容及内容解析

1. 内容

本节的知识结构如下：

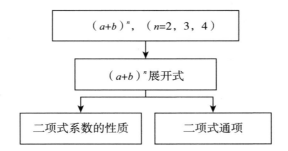

本节包括二项式定理、二项展开式、二项式的通项及二项式系数的性质。本节共 2 课时：第 1 课时是二项式定理及展开式，第 2 课时是二项式系数的性质。

2. 内容解析

本节是在学习了计数原理和排列组合知识的基础上来研究 $(a+b)^n$ 展开式中各项的特征，从而得出通项，进而研究二项式系数的性质。在方法上，求展开式中的系数或展开式中的系数的和、差的关键是给字母赋值，赋值的选择则需根据所求的展开式系数和特征来确定。

6.3.2 教学目标及目标解析

1. 目标

（1）用计数原理得到二项式定理。

（2）掌握二项式定理及其展开式的通项。

（3）用二项式定理解决与二项式有关的简单问题。

（4）理解二项式系数的性质。

（5）掌握二项式系数的性质并灵活运用。

2. 目标解析

（1）结合课本第 29 页中的"探究"标目，理解二项式展开式各项的特点。

（2）用二项式定理解答与课本第 30 页中例 1 类似的问题。

（3）结合课本第 31 页的探究问题，发现二项式系数的性质。

（4）理解课本第 33 页二项式系数的性质。

（5）用赋值法求二项展开式中系数的和。

（6）通过二项式教学，让学生体会数形结合的思想，了解由特殊到一般、由具体到抽象的处理问题的路径，提升学生的数学抽象素养、数学运算素养、直观想象素养、数据分析素养、逻辑推理素养。

3. 素养目标

<table>
<tr><th colspan="2"></th><th colspan="2">行为方面</th><th colspan="3">核心素养</th></tr>
<tr><th colspan="2"></th><th>1</th><th>2</th><th>1</th><th>2</th><th>3</th></tr>
<tr><td rowspan="4">内容方面</td><td>1. 实例抽象</td><td>从 $(a+b)^2$, $(a+b)^3$ 出发，让学生从数学的角度发现问题、提出问题</td><td>让学生从特殊到一般的过程中寻找规律</td><td>数学抽象</td><td>数学建模</td><td>直观想象</td></tr>
<tr><td>2. 概念形成（一）</td><td>让学生运用所学的排列组合知识对 $(a+b)^2$ 进行分析</td><td>让学生对相关子概念进行准确描述</td><td>逻辑推理</td><td>数学建模</td><td></td></tr>
<tr><td>3. 概念剖析（一）</td><td>引导学生通过计数原理写出 $(a+b)^3$, $(a+b)^4$ 的展开式</td><td>通过实例引导学生学会做二项展开式的问题</td><td>数学运算</td><td>逻辑推理</td><td></td></tr>
<tr><td>4. 概念形成（二）</td><td>引导学生猜想并写出 $(a+b)^n$ 的展开式</td><td>培养学生归纳、猜想的能力</td><td>逻辑推理</td><td>数学建模</td><td></td></tr>
</table>

续 表

内容方面		行为方面		核心素养		
		1	2	1	2	3
	5. 概念剖析（二）	通过证明二项展开式的问题，引导学生理解二项展开式的特征	结合实例引导学生学会解答二项展开式问题	数学运算	逻辑推理	
	6. 概念形成（三）	帮助学生通过二项式的通项来认识二项式定理	引导学生学会展开二项式	逻辑推理	数学建模	
	7. 概念剖析（三）	引导学生理解二项式定理	学生能够用二项式定理求指定项	逻辑推理	数学建模	
	8. 概念升华	引导学生学会观察二项式系数的规律，发现二项式系数的性质	引导学生学会解答二项展开式中系数的问题	逻辑推理	数学建模	数学运算

6.3.3 教学重难点

重点：二项式定理及二项展开式的通项公式，二项式系数的性质及应用。

难点：用二项式定理解决与二项展开式有关的简单问题，二项展开式中有关系数的和及最大项问题。

6.3.4 教学问题诊断分析

本节教学以概念为主线，重在概念的内涵挖掘，在概念的基础上形成二项式系数的性质。学生需要加深对二项式定理中通项公式符号的认识与理解，对由特殊到一般、数形结合、由具体到抽象的思想方法有深刻的认识。在教学中，在概念自然生成、内涵挖掘、总结应用、引申拓展等方面进行师生互动、生生互动，通过学生主动获取知识、小组合作学习、教师答疑解惑来完成教学，最终形成完整的知识体系。

6.4 小 结

本章内容主要包括计数原理、排列组合与二项式定理的应用。

（1）分类加法计数原理要注意"完成一件事"有哪几类方法，完成这件事的每一类方法都是相互独立的，分类时必须做到既不重复也不遗漏；分步乘法计数原理要注意"完成一件事"要经过哪几步，根据题意正确分步，各步骤之间既不能重复也不能遗漏。

（2）只有当元素完全相同，并且元素的排列顺序也完全相同时，才是同一个排列；区分排列与排列数这两个概念。

（3）区别排列与组合，熟记排列数和组合数公式及它们之间的联系。

（4）区分系数与二项式系数，运用二项式定理的知识解决系数和、常数项等问题。

第七章

随机变量及其分布

【课时安排】

内容	课时	具体安排
7.1 条件概率与全概率公式	2	条件概率与全概率的乘法公式第 1 课时，全概率公式和贝叶斯公式第 2 课时
7.2 离散型随机变量及其分布列	1	离散型随机变量及其分布列第 1 课时，离散型随机变量及其分布列第 2 课时
7.3 离散型随机变量的数字特征	2	离散型随机变量的数字特征第 1 课时，离散型随机变量的数字特征第 2 课时
7.4 二项分布与超几何分布	2	二项分布及其性质第 1 课时，超几何分布及其性质第 2 课时
7.5 正态分布	1	正态分布
合计	8	

【本章知识结构框图】

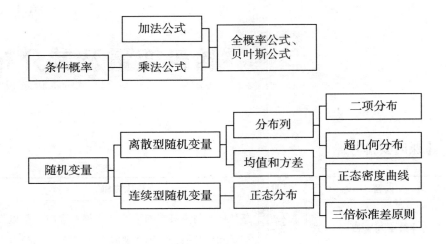

7.1 条件概率与全概率公式

7.1.1 教学内容及内容解析

1. 内容

本节的知识结构如下：

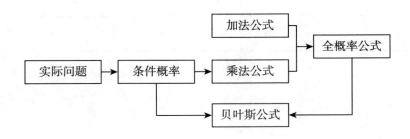

本节共 2 课时：第 1 课时是条件概率与全概率的乘法公式；第 2 课时是全概率公式和贝叶斯公式。

2. 内容解析

随机事件的条件概率是概率论的重要概念之一。由条件概率得到两个不独立事件的概率乘法公式、全概率公式，它们是求很多复杂事件概率的有力工具。结合古典概型，研究随机事件的条件概率，建立概率的乘法公式和全概率公式，并用它们计算较复杂事件的概率是概率学习的深入和提高。

条件概率顾名思义，是指在事件 A 已经发生的条件下事件 B 发生的概率。已知事件 A 发生，试验的样本点属于 A，因此 A 成为新的样本空间，所以条件概率 $P(B|A)$ 本质上是在缩减的样本空间 A 上事件 AB 的概率。条件概率同样具有概率的三条基本性质。通过古典概型得到的条件概率的概念及公式对于一般随机事件的条件概率都适用，具有普遍意义。

直接计算随机事件 B 的概率比较困难，如果附加一个条件会变得容易计算。因此，可以用一组两两互斥且与事件 B 有联系的事件 A_1，A_2，$\cdots$，A_n（$A_1 \cup A_2 \cup \cdots \cup A_n = \Omega$），将事件 B 表示为 $B = A_1 B \cup A_2 B \cup \cdots \cup A_n B$，再利用概率的加法公式和乘法公式求得事件 B 的概率。将这种思想一般化，构建一个公式就能得到全概率公式。利用全概率公式求事件的概率，充分体现了化难为易的转化思想。贝叶斯公式又称逆概率公式，用来描述两个条件概率之间的关系，被广泛应用于各个领域，是许多统计推断的基础。

本节的学习，学生需要用数学的眼光看待随机事件的概率，用概率的一般概念解释具体现象，并通过条件概率和独立性等数学概念分析复杂问题，寻找解决复杂问题的方法，在学习过程中提高数学抽象、逻辑推理和数学运算等素养。

基于以上分析，确定本单元的教学重点：条件概率与概率的乘法公式，全概率公式。

7.1.2 教学目标及目标解析

1. 目标

（1）结合古典概型，了解条件概率，能计算简单随机事件的条件概率。

（2）结合古典概型，了解条件概率与独立性的关系。

（3）结合古典概型，会用乘法公式计算概率。

（4）结合古典概型，用全概率公式计算概率。

（5）了解贝叶斯公式。

2. 目标解析

（1）结合具体实例，借助概率计算公式，用条件概率的定义解释具体问题，并能用条件概率的定义计算随机事件的条件概率。

（2）根据事件的独立性、条件概率的意义，描述"事件 A 和事件 B 独立的充分必要条件是条件概率等于无条件概率"，并能根据定义进行推理。

（3）根据条件概率的定义归纳概率乘法公式，能说出条件概率的三条基本性质，会利用概率的乘法公式计算概率。

（4）用概率的加法公式和乘法公式归纳得到全概率公式，能用全概率公式计算较复杂的概率问题。

（5）通过实例了解贝叶斯公式，知道它是用来描述两个条件概率之间关系的。

（6）通过本节的学习，用数学的眼光看待随机事件的概率，能用概率的一般概念解释具体现象，能够通过条件概率和独立性等数学概念分析复杂问题，寻找解决复杂问题的方法。在学习过程中重点提升数学抽象、逻辑推理和数学运算素养。

3. 素养目标

		行为方面		核心素养		
		1	2	1	2	3
内容方面	1. 实例抽象	从课本的两个实例出发，让学生从数学的角度发现问题、提出问题	让学生经历从具体问题求概率到抽象出概率一般特征的过程	数学抽象	数学建模	直观想象
	2. 概念形成（一）	让学生对问题情境中的问题进行分析，并概括总结出条件概率	让学生了解概率的乘法公式的推导过程	逻辑推理	数学建模	

续　表

内容方面		行为方面		核心素养		
		1	2	1	2	3
	3. 概念剖析（一）	引导学生理解条件概率的应用	结合实例引导学生解决条件概率的实际问题	数学运算	逻辑推理	
	4. 概念形成（二）	结合例题引导学生发现全概率公式	让学生理解全概率公式的推导过程	逻辑推理	数学建模	
	5. 概念剖析（二）	引导学生理解全概率公式	结合实例引导学生掌握全概率公式的应用	数学运算	逻辑推理	
	6. 概念辨别	引导学生理解条件概率与全概率公式的区别		逻辑推理	数学建模	数学抽象
	7. 概念升华	引导学生学会使用条件概率与全概率公式来解决现实生活中的问题	引导学生了解条件概率及其与独立性的关系，进行简单计算	逻辑推理	数学建模	数学运算

7.1.3　教学重难点

重点：条件概率的概念，事件的独立性与条件概率的关系，概率的乘法公式和全概率公式。

难点：条件概率意义的理解，全概率公式的应用。

7.1.4　教学问题诊断分析

在本节的学习中，由于具体问题中的许多条件概率问题与我们的直觉相悖，学生往往很难迅速得到正确的答案，这也是概率问题不同于其他数学问题之处，因此，学生在学习条件概率概念时会产生困惑，对于条件概率定义的理解会存在偏差。由于古典概型的条件概率计算可以通过缩小样本空间转化为非条件概率的计算，因此学生在心理上会不自觉地拒绝接受条件概率的概念。另外，独立性是概率论中极其重要的概念，独立性的概念可以用条件概率描述，但在实际操作中对两个随机事件的独立性的判断往往基于学生的经验，所以学生容易忽视独立性与条件概率之间的关系；学生还容易混淆两个事件相互独立与两个事件互斥的概念，并由此导致概率公式运用错误。

本节的教学难点是对条件概率中条件的正确理解及乘法公式和全概率公式的应用。

由于条件概率的学习要结合古典概型的具体问题，因此需要教师提供直观的模型帮助学生理解概念。教师可借助树状图、列表、卡片实物等直观化的方式帮助学生分析问题；也可以借助随机模拟的方法，由信息技术工具先模拟计算出条件概率，帮助学生直观了解事件概率之间的关系。

7.2 离散型随机变量及其分布列

7.2.1 教学内容及内容解析

1. 内容

本节的知识结构如下：

2. 内容解析

研究随机现象的规律，首先需要建立试验的样本空间，用样本空间的子集表示随机事件。其次根据样本空间的特征建立概率模型，计算事件的概率。

最后建立一系列概率运算法则（公式），求复杂事件的概率。在此基础上，引入随机变量，使我们可以量化地描述各种随机现象；利用数学工具和方法，系统、全面地研究随机现象的规律；建立概率模型，解决实际问题；研究随机变量的数字特征，为决策提供依据。

离散型随机变量的取值可以一一列出，包括取值是有限的或可列无限的两种情形，因此包括能够取无穷多个不同值的离散型随机变量。对一个离散型随机变量，我们不仅要关心它的可能取值，还要知道取每个值的概率。分布列是描述离散型随机变量取值概率规律的工具。离散型随机变量的概率分布规律完全由它的分布列决定，分布列的性质有助于我们深入了解随机变量。两点分布、二项分布等典型的分布列，为我们理解分布列并运用分布列了解随机现象提供了范例。

随机变量和普通变量有着很大的不同，结合具体实例，有助于学生更好地理解用随机变量刻画随机现象，感悟随机变量与随机事件的关系，深刻体会随机思想在解决实际问题中的作用。

基于以上分析，确定本节的教学重点：随机变量的概念与离散型随机变量的分布列。

7.2.2　教学目标及目标解析

1. 目标

结合具体实例，了解离散型随机变量的概念，理解离散型随机变量的分布列。

2. 目标解析

通过建立样本点与实数之间的关系，知道随机试验样本空间 Ω 中的每一个样本点 ω 都有唯一的实数 $X(\omega)$ 与之对应；会根据概率的性质获得离散型随机变量分布列的性质；会求简单的离散型随机变量的分布列。在此过程中提升数学抽象、逻辑推理、数学运算等素养。

3. 素养目标

		行为方面		核心素养		
		1	2	1	2	3
内容方面	1. 实例抽象	从具体问题出发，让学生从数学的角度发现问题、提出问题	让学生经历从具体问题叙述到抽象出随机变量一般特征的过程	数学抽象	数学建模	直观想象
	2. 概念形成（一）	让学生对问题情境中的问题进行分析并概括总结出随机变量的概念	让学生对相关子概念进行准确描述	逻辑推理	数学建模	
	3. 概念剖析（一）	引导学生理解离散型随机变量的概念	通过举例来区分离散型随机变量和非离散型随机变量	数学抽象	逻辑推理	
	4. 概念形成（二）	结合具体问题引导学生得出概率分布列的概念	让学生对相关子概念进行准确描述	逻辑推理	数学建模	
	5. 概念剖析（二）	引导学生了解两点分布、一般分布列	结合实例引导学生学会写出分布列	数学运算	逻辑推理	

7.2.3 教学重难点

重点：离散型随机变量及其分布列的概念。

难点：对随机变量概念的理解，用随机变量描述随机现象的规律。

7.2.4 教学问题诊断分析

随机变量概念的形成过程是具体问题数学化的过程，对学生的抽象思维能力有较高的要求。学生对于随机问题的学习经验不足，可能对随机变量的概念存在理解上的困难；由于离散型随机变量的分布列描述的是随机变量的概率分布，用于研究随机事件的概率，学生也可能存在应用上的困难。因此教师需要在关联的情境中，通过具体实例帮助学生抽象出一般的数学概念和性质，将随机现象抽象为数学问题，用概率的语言表述随机现象，提升学生的数学抽象等素养。

7.3 离散型随机变量的数字特征

7.3.1 教学内容及内容解析

1. 内容

本节的知识结构如下：

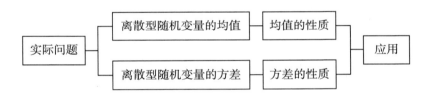

2. 内容解析

离散型随机变量的分布列全面地描述了随机变量取值的概率规律，但在实际问题中，我们需要用一些数值集中反映随机变量在某个方面的特征，这些数值统称为随机变量的数字特征。本节主要讨论离散型随机变量的均值和方差。

7.3.2 教学目标及目标解析

1. 目标

（1）用由特殊到一般、由具体到抽象的方法理解离散型随机变量均值的概念。

（2）会求离散型随机变量的均值问题。

（3）结合课本第64页的探究问题，探究一个离散型随机变量，在进行平移或伸缩后，分析其均值会有什么变化。

（4）通过解决实际问题，了解风险决策的原则及一般方法。

（5）用由特殊到一般、由具体到抽象的方法，理解离散型随机变量方差的概念。

（6）会求离散型随机变量的方差问题。

（7）结合课本第 69 页的探究问题，探究一个离散型随机变量，在进行平移或伸缩后，分析其方差会有什么变化。

2. 目标解析

（1）结合课本第 62 页中的两人射箭问题，理解课本第 63 页中的离散型随机变量均值的概念。

（2）解答与课本第 63 页中例 1、例 2 类似的问题。

（3）结合课本第 64 页"探究"项目的证明过程，得出离散型随机变量均值的性质。

（4）解答与课本第 65 页中例 3、例 4 类似的问题。

（5）结合课本第 67 页中的两人射击问题，理解课本第 68 页中的离散型随机变量方差的概念。

（6）解答与课本第 69 页中例 5、例 6 类似的问题。

（7）结合课本第 69 页"探究"项目的证明过程，得出离散型随机变量方差的性质。

3. 素养目标

		行为方面		核心素养		
		1	2	1	2	3
内容方面	1. 实例抽象	从课本两人射箭问题出发，让学生从数学的角度发现问题、提出问题	让学生经历从具体问题叙述到抽象出离散型随机变量均值一般特征的过程	数学抽象	数学建模	直观想象
	2. 概念形成（一）	让学生对问题情境中的问题进行分析，并概括总结出离散型随机变量均值的概念	使学生能够区分随机变量均值与样本本均值的联系与区别	逻辑推理	数学建模	

		行为方面		核心素养		
		1	2	1	2	3
内容方面	3. 概念剖析（一）	引导学生理解离散型随机变量均值的性质	结合实例引导学生解决离散型随机变量均值的实际问题	数学运算	逻辑推理	
	4. 实例抽象	从课本两人射击问题出发，让学生从数学的角度发现问题、提出问题	让学生经历从具体问题叙述到抽象出离散型随机变量方差一般特征的过程	逻辑推理	数学建模	直观想象
	5. 概念形成（二）	让学生对问题情境中的问题进行分析，并概括总结出离散型随机变量方差的概念	让学生了解方差的意义，掌握方差的计算方法	数学运算	逻辑推理	
	6. 概念剖析（二）	引导学生理解离散型随机变量方差的性质	结合实例引导学生解决离散型随机变量方差的实际问题	逻辑推理	数学建模	数学抽象

7.3.3 教学重难点

重点：离散型随机变量均值和方差的意义、性质及应用。

难点：对离散型随机变量均值、方差的意义的理解。

7.3.4 教学问题诊断分析

对于离散型随机变量的均值和方差，重点要关注这些数字特征的意义是什么，概念是怎么抽象的，在实际问题中如何应用等。如果仅仅会计算简单离散型随机变量的均值和方差就失去了它应有的教育价值。因此，课本突出了概念的抽象过程，揭示了均值和方差的意义，并使学生通过具体问题情境和典型例题了解离散型随机变量的均值与观测值的平均数的关系，以及离散型随机变量的期望在实际问题中的应用。

7.4 二项分布与超几何分布

7.4.1 教学内容及内容解析

1. 内容

本节的知识结构如下:

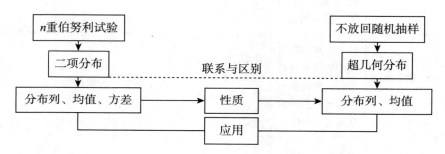

本节包括二项分布和超几何分布,它们是中学数学中的重要内容。本节共2课时:第1课时的主要内容是二项分布及其性质,第2课时的主要内容是超几何分布及其性质。

2. 内容解析

在函数的学习中,通过学习幂函数、指数函数、对数函数、三角函数等基本函数类型,不仅加深了学生对一般函数概念的理解,而且奠定了建立适当的函数模型解决不同类型实际问题的数学基础。类似地,二项分布和超几何分布是两类重要的概率模型,对它们的研究,不仅可以帮助学生进一步了解随机变量在描述随机现象中的作用,而且使学生对随机思想在解决实际问题中的作用也有更深入的理解。

7.4.2 教学目标及目标解析

1. 目标

(1)用由特殊到一般、由具体到抽象的方法,理解伯努利试验和 n 重伯努利试验。

（2）会判断随机试验是否为 n 重伯努利试验。

（3）类比二项式定理的探究过程，采用由特殊到一般的方法，推导二项分布的分布列。

（4）通过具体实例，掌握二项分布及其数字特征，并能解决简单的实际问题。

（5）通过比较放回和不放回简单随机抽样，归纳出超几何分布模型的特征，由特殊到一般地求得超几何分布的分布列。

（6）通过具体实例，掌握超几何分布及其数字特征，并能解决简单的实际问题。

（7）理解二项分布与超几何分布的联系与区别。

2. 目标解析

（1）结合课本第 72 页中的实际问题来理解伯努利试验和 n 重伯努利试验。

（2）结合课本第 72 页中的思考问题来判断随机试验是否为 n 重伯努利试验。

（3）结合课本第 72 页中的探究问题，借助树形图，利用概率的加法公式及独立事件的乘法公式，由特殊到一般地得到二项分布的分布列。

（4）解答与课本第 74 页中例 2、第 75 页中例 3 类似的问题。

（5）结合课本第 77 页中的实际问题来理解超几何分布。

（6）解答与课本第 78 页中例 4、例 5 类似的问题。

（7）解答与课本第 79 页中例 6 类似的问题。

3. 素养目标

		行为方面		核心素养		
		1	2	1	2	3
内容方面	1. 实例抽象	从掷硬币等随机试验出发，让学生从数学的角度发现问题、提出问题	让学生经历从具体问题叙述到抽象出二项分布与超几何分布一般特征的过程	数学抽象	数学建模	直观想象

		行为方面		核心素养		
		1	2	1	2	3
内容方面	2. 概念形成（一）	让学生对问题情境中的问题进行分析，并概括总结出伯努利试验的概念	让学生对相关子概念进行准确描述	逻辑推理	数学建模	
	3. 概念剖析（一）	引导学生理解二项分布及其数字特征	结合实例引导学生解决二项分布的实际问题	数学运算	逻辑推理	
	4. 概念形成（二）	通过比较放回和不放回简单随机抽样，让学生归纳出超几何分布模型的特征，由特殊到一般地求得超几何分布的分布列	引导学生区分放回抽样和不放回抽样	逻辑推理	数学建模	
	5. 概念剖析（二）	引导学生理解超几何分布及其数字特征	结合实例引导学生解决超几何分布的实际问题	数学运算	逻辑推理	
	6. 概念辨别	引导学生理解两个分布的区别与联系		逻辑推理	数学建模	数学抽象
	7. 概念升华	引导学生学会使用两个分布来解决现实生活中的问题	引导学生学会处理生活中的分布列问题	逻辑推理	数学建模	数学运算

7.4.3 教学重难点

重点：n 重伯努利试验，二项分布及其数字特征，超几何分布及其均值，二项分布与超几何分布的简单应用。

难点：在实际问题中抽象出模型的特征，识别二项分布和超几何分布。

7.4.4 教学问题诊断分析

二项分布是最常见的一种分布，19 世纪以前的概率统计可以说是二项分布的天下。生活中，保险业是最早应用概率论的领域，有关保险的问题涉及大量的二项概率计算问题。另外，在很长一个时期内，统计方法在社会问题中的应用主要限于人口统计，特别是出生的男、女婴儿的性别比例问题，这也是一个典型的二项分布问题。课本通过具体的问题情境，归纳概括出 n 重伯努利试验的特征，由特殊到一般推导其分布列，探究二项分布的均值和方差；通过比较放回和不放回随机抽样中次品数的分布，抽象出超几何分布的特征，推导出超几何分布的均值，讨论二项分布与超几何分布的联系与区别，并进行简单应用。在这个过程中，用到了事件的表示、概率的运算法则、组合计数等知识，以及由特殊到一般的推理方法。教学时要让学生独立思考、相互交流，充分经历探究过程，提升学生的数学抽象、逻辑推理和数学运算的素养。

7.5 正态分布

7.5.1 教学内容及内容解析

1. 内容

本节的知识结构如下：

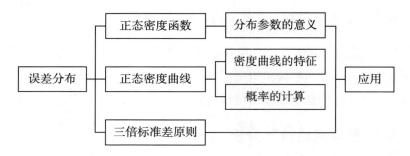

本节包括正态分布及其性质，它们是中学数学的重要内容。本节共 1 课时，主要内容是正态密度函数、密度曲线、正态分布的特征、随机变量落入某个区域内的概率表示、正态分布的均值和方差、3 倍标准差原则及简单应用。

2. 内容解析

正态分布是概率论中最重要的连续型概率模型，由于《普通高中课程方案和语文等学科课程标准（2017 年版）》不要求对一般的连续型随机变量及其分布进行讨论，因此课本从一组误差数据出发，让学生了解连续型随机变量，借助误差频率直方图刻画误差分布，建立正态分布模型。

7.5.2 教学目标及目标解析

1. 目标

（1）通过误差模型了解服从正态分布的随机变量，构建正态分布模型。

（2）理解正态分布的定义，了解概率的表示，了解正态密度曲线的特征。

（3）了解正态分布的均值、方差及其含义。

2. 目标解析

（1）结合课本第 83 页中的食盐质量误差数据，用频率分布直方图直观表示数据分布情况，构建正态分布模型。

（2）掌握课本第 84 页正态密度函数、正态密度曲线、正态分布、标准正态分布等概念。

（3）解答与课本第 86 页中例题类似的问题。

3. 素养目标

		行为方面		核心素养		
		1	2	1	2	3
内容方面	1. 实例抽象	从食盐质量误差数据出发，让学生从数学的角度发现问题、提出问题	让学生用频率分布直方图直观表示数据的分布情况	数学抽象	数学建模	直观想象
	2. 概念形成	让学生对情境中的问题进行分析并概括总结出正态分布模型	让学生对相关子概念进行准确描述	逻辑推理	数学建模	
	3. 概念剖析	引导学生理解正态分布曲线的特征	让学生通过分析了解参数的意义	数学运算	逻辑推理	
	4. 概念升华	通过本节内容的学习，引导学生体会频率与概率的关系，形成由经验模型进而建立理论模型的思想，以及刻画连续型随机变量概率分布的方法	结合实例引导学生学会解决正态分布实际问题	逻辑推理	数学建模	数学运算

7.5.3　教学重难点

重点：正态分布的特征，概率的表示，正态分布的均值、方差及其含义。

难点：描述正态分布随机变量的概率分布。

7.5.4 教学问题诊断分析

课本建立正态分布模型采用的是由经验分布模型过渡到理论模型的方法：对误差随机变量 X 进行观测，获得误差样本数据，借助直方图的直观表示，描述样本数据的分布规律，根据频率与概率的关系加以直观想象，得到一条钟形曲线。这条曲线位于 x 轴上方，具有对称性，且与 x 轴围成的面积为 1，从而可用区间 $[a,b]$ 上对应的曲边梯形面积表示概率 $P(a \leqslant X \leqslant b)$。当给出曲线对应的解析式（密度函数）时，就完成了正态分布模型的构建过程。接着考查密度曲线的特征，参数对密度曲线的影响及意义，通过正态分布的 3 倍标准差原则，加深对正态分布的认识，通过例题初步了解利用概率进行决策的思想方法。

在教学中，可以利用信息技术工具产生服从正态分布的随机数，对不同样本量的数据可以用直方图来表示，并观察图形的变化，由频率直方图过渡到正态密度曲线。学生通过独立思考、互相交流、师生共同概括总结，领悟描述连续型随机变量概率分布的思想方法。

第八章

成对数据的统计分析

【课时安排】

内容	课时	具体安排
8.1 成对数据的统计相关性	2	变量相关关系第 1 课时,样本相关系数第 2 课时
8.2 一元线性回归模型及其应用	3	一元线性回归模型第 1 课时,一元线性回归模型参数的最小二乘估计第 2 课时,一元线性回归模型的应用第 3 课时
8.3 列联表与独立性检验	2	分类变量与列联表第 1 课时,独立性检验第 2 课时
合计	7	

【本章知识结构框图】

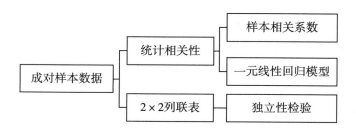

8.1 成对数据的统计相关性

8.1.1 教学内容及内容解析

1. 内容

本节的知识结构如下：

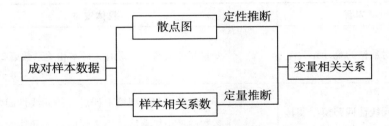

本节教学约需 2 课时：第 1 课时是变量相关关系，第 2 课时是样本相关系数。

2. 内容解析

第 1 课时主要是引入变量之间相关关系的概念，并根据成对样本数据的散点图直观推断变量之间的相关关系。课本通过案例"一个人身高与体重的关系"引入相关关系的概念，并通过举例明确概念的外延，同时让学生感受到研究此类问题的必要性。在此基础上，结合"人体的脂肪含量和年龄之间的关系"，介绍成对样本数据的散点图，据此直观推断变量之间的相关关系，并引入正相关、负相关、线性相关三种特殊且重要的相关关系。

第 2 课时主要是引入样本相关系数的概念。样本相关系数不仅可以反映成对样本数据相关的正负性，而且可以定量地刻画成对样本数据线性相关的程度。课本通过对散点图无法定量刻画成对样本数据相关程度，让学生感受引入样本相关系数的必要性。对于样本相关系数的定义，课本从统计直观出发，先初步建立刻画相关性的数学表达式，再通过逐步优化表达式得到样本相关系数公式，在这一过程中让学生体会样本相关系数定义的合理性，以积

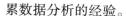

累数据分析的经验。

引入样本相关系数的定义后，课本对样本相关系数的性质进行了讨论，明确样本相关系数的正负性可以反映成对样本数据相关的正负性，样本相关系数绝对值的大小可以刻画成对样本数据线性相关程度的强弱，并根据样本相关系数推断两个变量之间相关的正负性，以及线性相关程度的强弱。

8.1.2 教学目标及目标解析

1. 目标

（1）结合实例，了解样本相关系数的统计含义，了解样本相关系数与标准化数据向量夹角的关系。

（2）结合实例，通过相关系数比较多组成对数据的相关性。

2. 目标解析

（1）通过成对样本数据研究两个数值变量之间的相关关系。

（2）通过散点图可以从直观上判断成对样本数据的相关性，通过样本相关系数则可以从定量的角度刻画成对样本数据相关的正负性和线性相关程度。

（3）对于样本相关系数的应用，要求根据教材中的 3 个例题，会合理利用样本相关系数推断两个变量之间的相关性，并且要求解释其在具体情境中的含义。

3. 素养目标

		行为方面		核心素养		
		1	2	1	2	3
内容方面	1. 实例抽象	从人体脂肪含量和年龄关系的案例出发，从数学的角度发现问题、提出问题	从具体问题抽象出一般特征	数学抽象	数学建模	直观想象

续　表

内容方面		行为方面		核心素养		
		1	2	1	2	3
	2. 概念形成（一）	对情境中的问题进行分析并概括总结出线性相关的概念	对相关子概念进行精准描述	逻辑推理	数学建模	
	3. 概念剖析（一）	引导学生理解两个变量的正相关、负相关	通过实例引导学生学会画散点图、判断两个变量的线性关系	数学运算	逻辑推理	
	4. 概念形成（二）	通过将数据进行"平移""标准化"，引导学生理解样本相关系数公式	利用 n 维向量数量积理解相关系数的范围	逻辑推理	数学建模	
	5. 概念剖析（二）	引导学生理解相关系数正负性与线性相关的程度	通过实例让学生掌握样本相关系数的应用，并解释其在具体情境中的含义	数学运算	逻辑推理	

8.1.3　教学重难点

重点：相关关系，散点图，样本相关系数。

难点：了解样本相关系数的统计含义。

8.1.4　教学问题诊断分析

成对数据是按一定规则呈现的两个变量的数据，在统计学中，所有样品

的数据 (x_1, y_1) (x_2, y_2) $\cdots$ (x_n, y_n) 都是成对数据。在讨论相关性、线性回归方程、假设检验时都会涉及成对数据。强调成对数据可以避免在讨论问题时数据的杂乱无章，使得结果更有意义。比如，在研究人的身高与体重的关系时，要将同一个人的身高和体重的数据看成一对，而不是把身高和体重的数据单独排列。

学生要学会用相关系数分析问题，解答练习、例题中的一系列实际问题，通过计算器计算数据，形成结论。此外，学生还要学会将相关分析用在线性回归分析中。

8.2 一元线性回归模型及其应用

8.2.1 教学内容及内容解析

1. 内容

本节的知识结构如下：

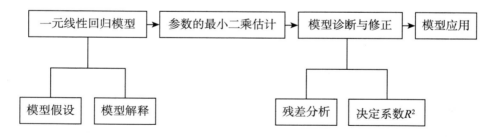

本节包括一元线性回归模型，一元线性回归模型参数的最小二乘估计。本节共 3 课时：第 1 课时是一元线性回归模型，第 2 课时是一元线性回归模型参数的最小二乘估计，第 3 课时是一元线性回归模型的应用。

2. 内容解析

一元线性回归模型是描述两个随机变量之间相关关系的最简单的回归模型。当两个变量之间具有显著的线性相关关系时，可以建立一元线性回归模型刻画两个变量间的随机关系，并通过模型进行预测。

建立一元线性回归模型的基础是成对样本数据的相关性分析。通过对散点图的直观观察，可以大致确定变量间是否存在线性关系，通过样本相关系数可以分析线性关系的强弱。在此基础上建立一元线性回归模型，用最小二乘法估计线性回归模型中的参数，得到经验回归方程，并利用残差及残差构建的指标对模型进行评价和改进，使模型不断完善。最后根据模型进行预测，帮助决策。

在建立一元线性回归模型的过程中，方程的建立、参数的估计、模型有效性分析等都是培养学生数据分析、数学建模、逻辑推理、数学抽象的重要素材，也是加强学生"四基"，提高"四能"的重要内容。

基于以上分析，确定本节的教学重点为：一元线性回归模型的含义，用最小二乘法估计回归模型参数的方法，残差分析和决定系数 R^2 的意义，一元线性回归模型的应用。

8.2.2　教学目标及目标解析

1. 目标

（1）结合具体实例，了解一元线性回归模型的含义，了解模型参数的统计意义，了解最小二乘原理。

（2）掌握一元线性回归模型参数的最小二乘估计方法，会使用相关的统计软件。

（3）掌握残差分析的方法，理解决定系数 R^2 的意义。

（4）针对实际问题，会用一元线性回归模型进行预测。

2. 目标解析

（1）知道线性回归模型与函数模型的区别，知道线性回归模型中误差 e 的含义，知道假设误差 e 满足 $E(e) = 0$，$D(e) = \sigma^2$ 的理由。

（2）依据用距离来刻画接近程度的数学方法了解最小二乘原理，利用最小二乘原理推导参数估计值的计算公式。

（3）利用统计软件画散点图、求样本相关系数、求回归方程，用残差、残差图和决定系数 R^2 对回归模型进行评价。

（4）通过具体案例，理解利用一元线性回归模型可以刻画随机变量之间的线性相关关系，从而使其在建立一元线性回归模型解决实际问题的过程，

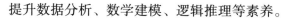

提升数据分析、数学建模、逻辑推理等素养。

3. 素养目标

		行为方面		核心素养		
		1	2	1	2	3
内容方面	1. 实例抽象	通过与函数模型比较，引入刻画两个变量之间随机关系的一元线性回归模型	借助"儿子身高与父亲身高的关系"的实例，理解引入新的模型刻画两者关系	数学抽象	数学建模	直观想象
	2. 概念形成	让学生对情境中的问题进行分析并概括总结出一元线性回归模型的概念	让学生对相关子概念进行准确描述	逻辑推理	数学建模	
	3. 概念剖析	引导学生学会用最小二乘法估计模型的参数，得到经验回归方程	让学生用经验回归方程模型进行预测	数学运算	逻辑推理	
		引入残差和残差图，对不同模型拟合效果进行比较	培养学生的数据分析素养	数学运算	逻辑推理	

8.2.3 教学重难点

重点：一元线性回归模型的含义，最小二乘估计的原理与方法，残差分析。

难点：一元线性回归模型参数最小二乘估计的推导，解释预测值的含义，理解刻画模型拟合效果的指标 R^2。

8.2.4 教学问题诊断分析

一元线性回归模型主要研究两个随机变量的线性相关关系,通过成对样本数据建立数学模型。在教学中,需要利用 GeoGebra、Excel、R、图形计算器等统计软件或工具处理样本数据、画出散点图和回归直线,利用统计软件或工具进行参数估计值的计算和分析;也可利用软件或工具进行模拟,对同一个总体的不同样本做回归分析、比较,以加深学生对回归模型的理解。

8.3 列联表与独立性检验

8.3.1 教学内容及内容解析

1. 内容

本节的知识结构如下:

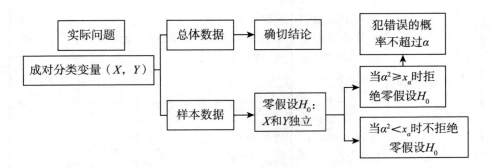

2. 内容解析

独立性检验是研究随机变量独立性的一种统计方法。为了解总体中两个分类变量是否相互独立,可以从总体中抽取简单随机样本,整理成一个 2×2 的列联表。独立性检验就是根据列联表检验两个分类变量是否相互独立。独立性检验本质上是一种概率推断,是一种依据概率进行"二中选一"的方法,即根据样本数据在" H_0:无实质差异"与" H_1:有实质差异"这两种推断中选择其一。这是一种概率反证法，通过样本出现的事件是否属于小概率事件来判断总体假设的真伪。

独立性检验的数学基础是条件概率与独立事件概率的乘法公式，其推断步骤可分为：第一步，提出想要验证的假设 H_0，称为零假设；第二步，若假设 H_0 不成立，则提出假设 H_1，称为对立假设；第三步，若假设 H_0 成立，构造一个只有在小概率 α 的情况下才能观察到的现象 χ^2；第四步，依据样本数据确认是否观察到了现象 χ^2；第五步，若能观察到现象 χ^2，则推断假设 H_0 是错误的，此时便可以拒绝 H_0，而选择假设 H_1；第六步，若未能观察到现象 χ^2，则无法拒绝假设 H_0，可选择假设 H_0。

因为独立性检验是检验假设而不是证明假设，所以推论会出现两类错误：第一类错误是拒绝了正确的零假设，犯第一类错误的概率是 α。第二类错误是没有拒绝错误的零假设。独立性检验在犯第一类错误的概率和犯第二类错误概率之间做平衡，希望犯这两种错误的概率都尽可能小，但减少第一类错误的概率就会增大犯第二类错误的概率。因为第二类错误对于样本量特别敏感，所以可以通过增加样本量降低犯第二类错误的概率。

独立性检验是从样本数据中发现关系，是成对样本数据统计分析的重要内容，是依据数据进行合理推理的典型方法，体现了数学的理性精神，也是提升数据分析和逻辑推理素养的重要素材。

基于以上分析，确定本单元的教学重点：独立性检验的基本思想和独立性检验的基本方法。

8.3.2 教学目标及目标解析

1. 目标

基于 2×2 列联表，通过实例了解独立性检验的基本思想，掌握独立性检验的基本步骤，会用独立性检验解决简单的实际问题，提升数据分析能力。

2. 目标解析

（1）基于 2×2 列联表，通过具体实例解释通过条件概率分析两个分类变量独立性的方法，以及说明用于推断两个分类变量独立性的统计量 χ^2 构造的合理性；说出基于小概率原则的独立性检验的基本思想，发展数据分析和逻辑推理素养。

（2）说出独立性检验的基本步骤，并能用独立性检验方法解决简单的实际问题。

3. 素养目标

		行为方面		核心素养		
		1	2	1	2	3
内容方面	1. 问题情境	让学生判断不同性别中学生在体育锻炼经常性方面是否存在差异	让学生根据普查数据判断不同性别学生经常参加体育锻炼的比率是否相等	数学抽象	数学建模	直观想象
	2. 概念形成	让学生从概率角度出发，利用列联表，用等高堆积条形图进行判断	渗透用频率估计概率的思想	逻辑推理	数学建模	
	3. 概念剖析	让学生借助古典概型的观点对独立性检验问题进行分析	让学生给出基于分类变量的零假设的两种严格的数学表述	数学运算	逻辑推理	
	4. 概念升华	结合列联表，在零假设成立的前提下，构造卡方	让学生总结独立性检验的基本步骤	逻辑推理	数学建模	

8.3.3 教学重难点

重点：一元线性回归模型的含义，最小二乘估计的原理与方法，残差分析。

难点：一元线性回归模型参数最小二乘估计的推导，解释预测值的含义，理解刻画模型拟合效果的指标 R^2。

8.3.4 教学问题诊断分析

通过上一节的学习，学生能根据 2×2 列联表直观推断两个分类变量的独立性，也知道这种推断有可能出现错误。本节引导学生将分类变量的独立性与事件的独立性联系起来，但要将独立性检验与一个小概率事件进行关联仍存在困难，这不仅是学生首次遇到的问题，也是从逻辑推理过渡到概率推理的统计思想的提升，这是本节的第一个难点。第二个难点是关于小概率 α（显著性水平 α）的正确理解。如果从一个样本中能够观察到小概率事件发生，表明拒绝假设 H_0 而接受假设 H_1 这个结论发生错误的概率不超过 α，但不表明假设 H_1 成立的概率超过 $1 - \alpha$。小概率 α 是针对检验的样本的，并不是关于零假设的，零假设或者对或者错，永远只能是这二者之一，对于这样的结论的理解是比较困难的，这是造成学生对于独立性检验的结论认知困难的主要原因。第三个难点是学生在理解独立性检验的推断时可能会犯错误，学生也可能存在接受上的困难。

为了突破学生在学习上的障碍，教师在教学中应从具体实例出发，创设一些生活化的问题情境引导教学，强调用分类变量的样本频率分布与理论分布的误差及频率稳定于概率的原理来构造小概率事件，通过举例、讨论、辩论等形式突破难点。

对于本节的教学难点，可借助 Excel 或 R 软件模拟从总体中抽取简单随机样本，编制 2×2 列联表和绘制频率等高堆积条形图等直观分析两个分类变量的独立性；可借助 GeoGebra 软件的统计功能，通过直观呈现 χ^2 分布的密度曲线，计算 χ^2 统计量的观测值，利用密度曲线确定临界值 x_α 等，帮助学生理解独立性检验的思想。